DZIECI WIELOJĘZYCZNE

Sanki, pierogi i Pałac Kultury

Martyna Górniak-Pełech

DZIECI WIELOJĘZYCZNE

Sanki, pierogi i Pałac Kultury

Butterfly House

Redakcja: Kinga Dąbrowicz – Zyszczak.pl
Korekta: Paulina Zyszczak – Zyszczak.pl
Projekt okładki: Ilona Glinka
Zdjęcia na okładce: Martyna Górniak-Pełech, Ewelina Marciniak, Dominik Marciniak
Skład DTP: Andrzej Zyszczak – Zyszczak.pl

ISBN 978-83-960756-2-8

Zachęcam Cię do zapoznania się
z galerią zdjęć przedstawiających
wydarzenia z książki.
Przyjemnego czytania i oglądania!

Martyna Górniak-Pełech

Dla moich
Warszawskich Kosmitów

Wstęp

– Krysiu, a chciałabyś tak jak mama? – zapytał siostrę Javi*, wysypując wiaderko piasku na jej kolana.

– Co robisz? Nie wysypuj na mnie, tylko tu, obok.

– Mówiłaś, że zamek zbudujemy w tym miejscu. No dobrze. Obok… Ale nie odpowiedziałaś – powiedział, zapełniając kolejny pojemnik piaskiem.

– Na co?

– Na moje pytanie. Czy chciałabyś tak jak mama w dzieciństwie, wiesz, mieszkać w Polsce?

– Nie wiem. Lubię Maltę. – Pięcioletnia Krysia odłożyła łopatkę. Brudną od piasku rączką podrapała się po policzku. Spojrzała przed siebie, w błękit Morza Śródziemnego i zapytała: – A czy na plaży leży tam śnieg?

– Chyba tak, Krysiu. Mama mówiła, że śnieg leży na trawie, na chodniku, nawet na samochodach. Wszędzie.

– Wow! A na palmach?

– Przecież w Polsce palmy nie rosną! Zresztą… Wyobrażasz sobie białe palmy?

Krysia odwróciła głowę, spojrzała na drzewa rosnące przy plaży, zmarszczyła nos i zmrużyła lekko oczy.

---

* Javi (czyt. Hawi) – hiszpańska wersja imienia Ksawery. Używamy jej w domu od pierwszego dnia życia naszego synka.

– Nie. Palmy są zawsze zielone… – Na chwilę się zamyśliła, po czym dodała: – Myślisz, że dzieci jeżdżą do szkoły na sankach?

– Myślę, że tak. I na pewno mają na sobie takie kombinezony.

– Jak Eskimosi?

– Chyba podobne, bo mama mówiła, że jest bardzo zimno.

– Jak bardzo?

– Pewnie minus trzydzieści albo nawet minus dziewięćdziesiąt – odpowiedział z powagą w głosie Javi. – Musi być minus dziewięćdziesiąt, skoro trzeba nosić kolorowe czapki i rękawiczki.

– Wow! Też bym tak chciała – rozmarzyła się Krysia.

– Ja też – dołączył do niej brat. – A do szkoły chodziłbym w kozakach. Takich do kolan. A po lekcjach odwiedzałbym babcię.

– Jej! Babcię! Tak! Moglibyśmy codziennie jeść pierogi z truskawkami.

– Albo z serem.

– Albo z jagodami.

– Z jagodami nie lubię.

– To dla mnie jagodowe, a dla ciebie inne.

– I byśmy mogli przechodzić przez dziurę w płocie, żeby wejść na boisko. Tak jak mama.

– A jeśli nie ma już dziury w płocie? Wiesz, mama chodziła do szkoły sto lat temu. Mogli już naprawić tę dziurę.

– To byśmy pod blokiem lepili bałwana.

– Albo igloo!

– Jej! Igloo! Aż by nam nosy zmarzły. – Javi zachichotał. – I ręce, i stopy… I byśmy byli takim kawałkiem lodu!

– Tak!!! Super by było, mówię ci. Jak w bajkach.

– Tak, jak w bajkach…

Rozdział 1

Kluczowa decyzja

Przede mną piękne złociste pola, a tuż za nimi lśniące jezioro, które ciągnęło się po horyzont. Na jego wodach widać było łódkę. Płynęła powoli. Wcale mnie to nie dziwiło o tej godzinie. Gdzie tu się spieszyć? Minęła dopiero szósta rano. Słońce też zdawało się jakby trochę zaspane. W bezpośrednim sąsiedztwie łąka. I nie była to taka zwykła łąka. Ta rozciągała się na wzgórzu. Piękne hektary niekończącej się zieleni. Po łące biegały konie. Obudziły się dziś wcześnie, jakby nie chciały przegapić ani jednej sekundy spędzonej w tym kaszubskim raju. Im również się nie dziwiłam. Też nie mogłam długo spać.

Siedziałam na trawie i szczypałam się raz po raz w kolano. Byłam tu, na pięknym zielonym wzgórzu. Cudownie. Trzymałam w ręku kubek z kawą. Jej aromat mieszał się z zapachem jeziora i świerków rosnących tuż za moimi plecami. Dalej był tylko las. Możesz przejechać cały świat wzdłuż i wszerz, możesz odwiedzić różne kontynenty, podziwiać architekturę i sztukę z każdego zakątka globu, ale nigdzie nie znajdziesz takiego widoku. I nieważne, że kawa nie była włoska, a wzgórze szwajcarskie. W tamtej sekundzie nie znalazłabym piękniejszego miejsca na ziemi.

Kaszuby to miejsce jedyne w swoim rodzaju. „Jakie te konie są szczęśliwe, że mogą tu mieszkać i każdego dnia podziwiać ten widok" – pomyślałam w pełnym rozmarzeniu.

Nagle postęp technologiczny dał o sobie znać i dość szybko sprowadził mnie na twardą ziemię. Tradycji stało się zadość – ważny życiowy telefon musiał zadzwonić w najmniej oczekiwanym momencie.

– Martyna? Halo! Halo! Martyna? – usłyszałam głos Krzysztofa, kolegi, który był jedną z osób pracujących przy wydaniu mojej ostatniej książki.

– Nie, nie Martyna – skłamałam.

– A kto? Przecież słyszę, że to ty. No kurde, Martyna, weź się nie wygłupiaj! Gdzie ty jesteś?

– W raju.

– Gdzie?

– Na Kaszubach. Co się dzieje?

– No to wracaj z tego swojego raju, bo druk próbny mamy do poprawy.

– Jak to: do poprawy? Wszystko było gotowe. Skład idealny, okładka dopięta pod samą szyję…

– No było, było, ale nie jest. Musimy kilka rzeczy poprawić, nie możemy puścić całego nakładu.

– To poprawmy i puśćmy. W czym problem?

– Poprawa chwilę zajmie, nie zdążymy więc wysłać książki do druku na czas, więc drukarnia musi nam dać kolejny termin, a to oznacza, że…

– Wszystkie daty zabukowane na wieczorki autorskie i promocję książki musimy przenieść na późniejsze terminy – dokończyłam.

Doskonale wiedziałam, co to oznacza.

– Dokładnie. – Krzysztof jednym słowem potwierdził najgorszy scenariusz.

– Ale to niemożliwe! Nie mogę zostać w Polsce dłużej, niż to było zaplanowane. Muszę wrócić na Maltę. Dzieci od pierwszego października idą tam do szkoły, Sebastian wraca do pracy w biurze, wszystko już zaplanowane co do dnia, co do godziny. To nie jest takie łatwe.

– Wiem, zdaję sobie z tego sprawę, ale książka nie ukaże się do końca wakacji. Albo zostaniesz w Polsce i wypuścisz ją jesienią, albo możesz wrócić na Maltę i jej nie wydać. Martyna, nie masz wyjścia.

I w tym momencie zrozumiałam, że nic nie jest zaplanowane. Jeden telefon potrafi zmienić wszystko i są na świecie decyzje, które trzeba podjąć tak spontanicznie, że graniczy to z szaleństwem.

– Zostanę w Polsce – oznajmiłam Sebastianowi godzinę później, czyli dokładnie trzy minuty po jego przebudzeniu.

– Ale jak to: zostajesz? Gdzie zostajesz? Na Kaszubach?! – wykrzyknął, wyskakując z łóżka jak oparzony. Przecież mamy zaplanowany powrót do maltańskiego domu za trzy tygodnie!

– Wiem, ale mamy poślizg w wydaniu książki.

– Duży ten poślizg? Kilkudniowy czy kilkutygodniowy?

– Bardziej... kilkumiesięczny – powiedziałam półszeptem, jakbym chciała tę informację zachować jedynie dla nas. To oczywiście nie miało sensu, ponieważ wokół były tylko łąki, jeziora i konie, które miały swoje sprawy.

– Co zrobimy z dziećmi? Krysia i Javi zostaną z tobą? W Polsce? Sama sobie nie poradzisz. – Sebastian jak zawsze stąpał twardo po ziemi.

„Chyba już gdzieś kiedyś odbyliśmy tę rozmowę" – pomyślałam, przypominając sobie jeden z jego służbowych wyjazdów.

– Myśl pozytywnie, a wszechświat ci dopomoże – wyszeptałam, dopijając pospiesznie resztę kawy.

– Ty jak zawsze wszystko widzisz w różowych barwach. Musisz wynająć jakieś mieszkanie, zapisać dzieci do szkoły... Przecież one nigdy nie chodziły do polskiej szkoły. One nawet w Polsce dobrze nie mieszkały. Jakąś świetlicę ogarnąć... Istnieje jeszcze w Polsce instytucja świetlicy dla pracujących matek?

– Nie wiem.

– Wy nawet ubrań jesiennych nie macie, nie wspominając o zimowych. Na ile musisz zostać?

– Nie wiem. Pewnie na kilka miesięcy. Dopóki nie wydam książki. Nie wiem.

– Ale gdzie zamieszkacie? W którym mieście?

– Nie wiem.

– To szaleństwo.

– Wiem.

To było chyba jedyne zdanie, które wypowiedziałam ze stuprocentową pewnością w głosie. Popatrzyłam na Sebastiana. Siedział wpatrzony przed siebie. Konie dalej beztrosko biegały po łące, łódka pływająca po jeziorze gdzieś zniknęła. Zajrzałam do mojego kubka. Pusty. Czas na nas.

Pora zacząć kolejny rozdział – spontaniczny, zupełnie nieplanowany, szalony. Spadł na nas jak grom z jasnego nieba, w momencie kiedy całe życie mieliśmy już względnie ułożone: mieszkanie pięć minut od szkoły nad Morzem Śródziemnym, wspaniali sąsiedzi, do których można zawsze wpaść pod pretekstem pożyczenia soli, a tak naprawdę w celu wypicia kieliszka hiszpańskiego wina, nasz poranny zwyczaj spacerowania brzegiem morza. Dzieci zapisane na tańce, piłki i inne sportowe wyczyny.

A teraz znowu musieliśmy startować od nowa. Trzeba było otworzyć mapę i zdecydować, gdzie osiąść. A później zacząć wszystko od zera: szukanie mieszkania, zakup garnków i talerzy, ubrań, butów, szczotki, mopa, poduszek i ręczników. Tym razem jednak wiedziałam, że będę musiała zrobić to wszystko sama. Sebastian wracał na wyspę. Przede mną stanęło konkretne wyzwanie, miałam parę dni na zorganizowanie nam nowego życia. Czy się bałam? Oczywiście, że tak. Jak chyba nigdy.

„Jeśli nie jesteś odważny, udawaj, że jesteś. Nikt nie zauważy różnicy" – powtarzałam sobie w duchu. Nie mogłam pokazać dzieciom, że nasz nowy rozdział zaczynał się od strachu. Nie mogłam też pokazać mężowi, że nie jestem pewna, czy dam sobie radę (jak każda statystyczna Matka Polka, która jedną ręką miesza zupę, drugą przewija dziecko i w tym samym czasie odbiera telefon słowami: „Nie, no coś ty! Nie przeszkadzasz"). Udawałam, że jestem odważna, i wiecie co? Nikt nie zauważył różnicy.

Rozdział 2

Palcem po mapie

Piątek, 24 września 2021 r.
Godzina 22:00

Dzieci już spały. Sięgnęłam po wino. Oczywiście czerwone, hiszpańskie. Otworzyłam laptop, a w nim mapę Polski. To dziwne uczucie. Po tylu latach mieszkania w różnych krajach otworzyć mapę Polski i palcem poszukiwać miejsca dla siebie. Napełniłam kieliszek, ale nawet nie przytknęłam go do ust. Obracałam go tylko między palcami i przyglądałam się buraczanej barwie trunku.

Jeśli mamy zamieszkać w Polsce, to musi być to miejsce dobrze skomunikowane, ponieważ będę dużo podróżowała. Z tym się łączy promocja książki. Ograniczmy się więc do dużych miast. Lepiej, aby nie był to teren, na którym już mieszkałam (ha! Tu zawęziłam ostro przedmiot moich poszukiwań, ponieważ Kraków, Wrocław, Gdańsk, Poznań i Katowice odpadły w przedbiegach). Marzyło mi się coś nowego: nieznane miasto, nieznani ludzie, ulice pełne tajemnic, dzielnice, które można odkrywać. To ma być przygoda, nie możemy iść na łatwiznę. Zupełnie obce miasto. Co jeszcze?

Dobrze, gdyby były: lotnisko (tak w razie czego, wiecie), maleńkie kawiarenki, gdzie można wpaść rano, by się ogrzać i wypić aromatyczną kawę przed pracą, oraz piękne parki, gdzie maluchy mogłyby biegać bez końca. Marzą mi się ciekawe muzea, biblioteki i wieczorne sztuki teatralne, aby zanurzyć dzieci w polskiej kulturze. Nie mogą przecież poznawać tego kraju tylko z pozycji jeźdźca siedzącego w siodle, w kaloszach na stopach. A taką właśnie ojczyznę znają na ten moment – wakacyjną, pachnącą wsią i niekończącymi się polami. Piękną, ale… Chyba są już gotowe na kolejny etap wtajemniczenia kulturowego. Na kolejny etap w swoim życiu.

Jeśli dzieci zostaną ze mną na parę miesięcy w Polsce, musimy ten okres wartościowo wykorzystać. Czas, by poznały polską literaturę, sztukę i muzykę. Trzeba pokazać im, jak wygląda polskie metro, jak smakują polskie pączki i rurki z bitą śmietaną. Muszą wiedzieć, co znaczy tona liści spadających z drzew w parku, jak jeździć na łyżwach na Rynku Starego Miasta i jak czeka się na tramwaj w ujemnej temperaturze.

Warszawa! Zamieszkajmy w Warszawie.

Poniedziałek, 27 września 2021 r.
Godzina wczesnoporanna

– Taaak! W Warszawie! – krzyknął Javi. – A czy będzie tam basen? – dociekał.

– W Warszawie? A nie możemy u babci? – zapytała lekko zdziwiona naszym entuzjazmem Krysia.

– Krysiu, możemy. Oczywiście, że możemy. Możemy zostać w domu babci, jeść pyszne obiadki i relaksować się na sofie. Możemy robić zakupy w cudownej, dobrze nam znanej piekarni, a popołudniami jeździć z dziadkiem na ryby. Możemy zamieszkać w mieście, w którym wszystko znamy. Bezpiecznie budzić się i zasypiać. Możemy spokojnie spędzić kilka miesięcy, bez stresu i niepotrzebnych wyzwań. I z całą pewnością będzie cudownie. Tylko czy to da nam szczęście? Czy nie lepiej pojechać w nieznane? Poznać nowych ludzi? Czy nie ciekawiej spakować się i wyruszyć przed siebie? Zobaczyć, jak mieszka się w polskiej stolicy? Poczuć ten dreszczyk emocji, kiedy nawet nie wiesz, dokąd prowadzi ulica, którą podążasz? – Spojrzałam na Krysię. W jej oczach widziałam coraz większe zdziwienie.

– Krysiu, wiesz, ile fajnych kin musi być w stolicy? Ile parków i cukierni? – Javi jak zawsze pomagał mi w znalezieniu argumentów przystosowanych do wieku.

– A zamieszkamy koło pączkarni? Tej, w której byliśmy ostatnio, odwiedzając ciocię Ilonkę? Tam mają pączki z czekoladą. – Głos Krysi brzmiał, jakby właśnie znalazła nam ulicę, przy której mamy zamieszkać.

– Oczywiście, że możemy zamieszkać koło pączkarni – stwierdziłam, choć nie do końca wierzyłam w to, co mówię. Ale w sumie nikt poza Krysią nie miał pomysłu, w którym punkcie postawić nas na mapie Warszawy.

Wtorek, 28 września 2021 r.

– Co u was? – zapytał Sebastian, dzwoniąc z Malty.

– Tragicznie – odpowiedziałam bez większego zastanowienia.

– Oho! Jak moja żona mówi „tragicznie", to wielki meteoryt musiał spaść na ziemię. Słucham cię. Co się stało?

– Nikt nam nie chce wynająć na kilka miesięcy mieszkania w Warszawie.

– A dlaczego?

– Bo to nie Malta. Tu ludzie nie przyjeżdżają i nie odjeżdżają co parę tygodni. Warszawiacy chcą stałego lokatora na sto lat, najlepiej bez dzieci i z umową o pracę w polskiej firmie z tradycjami.

– No w sumie… To nawet logiczne. A co mówisz tym ludziom?

– No mówię im, jak wygląda sprawa: że jestem sama, mam dwoje dzieci, że nie mam zatrudnienia w Polsce, ale napisałam książkę… – zaczęłam wyliczać i właśnie zdałam sobie sprawę, jak to brzmi. Przecież ja sama sobie nie wynajęłabym mieszkania! Nie da się wyobrazić sobie gorszej kandydatki na lokatorkę. Samotna matka, z mężem gdzieś na wyspie, kobieta, która wydaje książkę… Wróć… Nawet nie wydaje, bo publikacja od kilku miesięcy jest w fazie korekty.

– Co teraz? Jakiś plan B? Może inne miasto? Wiesz, Warszawa ma dużą konkurencję.

– Jeszcze nie czas na plan B. Jest za wcześnie, by się poddać.

– To czego potrzebujesz? W czym mogę ci pomóc?

– Najlepiej, gdybyś znalazł jakiegoś znajomego, który miałby mieszkanie do wynajęcia… Wiesz, po znajomości zawsze lepiej w dzisiejszym świecie. Mieszkanie na Woli, najlepiej obok pączkarni. – Uśmiechnęłam się, choć wcale nie było mi wesoło.

– Obok czego? – zapytał wyraźnie zdziwiony.

„O rany, nie zdążyłam mu powiedzieć! Ale czy on by zrozumiał?" – pomyślałam.

– Na Woli, wiesz, obok Ilonki. Zawsze to raźniej – wybrnęłam z sytuacji.

– No to muszę ci powiedzieć, że wysoko sobie podniosłaś poprzeczkę. Nikt ci nie chce wynająć mieszkania, a tobie się marzy apartament na Woli, koło kawiarni z pączkami? I to od znajomego, bo kto inny przy zdrowych zmysłach wynajmie ci mieszkanie. Czy ty słyszysz, co ty mówisz? Kochanie, wiesz dobrze, że cię kocham i wspieram zawsze, ale musisz zrozumieć, że czasami trzeba zejść na ziemię.

– Ale ja nie chcę schodzić na ziemię! Chcę tylko znaleźć na niej mieszkanie.

Środa, 29 września 2021 r.

Dzwoniła moja mama z pytaniem, czy już znalazłam mieszkanie i zapisałam dzieci do szkoły. Ręce mi opadły razem ze słuchawką telefonu. Znowu jestem spóźniona. Polskie dzieci już chodzą do szkoły, uczą się o Mieszku Pierwszym i piętrach lasu, a ja siedzę od kilku dni z telefonem przy uchu i z mapą w ręku.

Nie, nie znalazłam mieszkania, a co za tym idzie – nie, nie zapisałam dzieci do szkoły. Proszę, wytknijcie mnie wszyscy palcami. Jaka mało ogarnięta jestem.

Czwartek, 30 września 2021 r.

Dostałam maila ze szkoły na Malcie. Przypominają, że właśnie rozpoczyna się rok szkolny. Proszą o zakup chusteczek higienicznych, zeszytów, okładek w trzech kolorach: żółtym, czerwonym i niebieskim, kredek oraz plastikowych folderów. Proszą również o uniformy* i białe obuwie. I co mnie to interesuje? Nie ma mnie tam. Nie kupię nic z tych rzeczy i nie poślę dzieci do szkoły. Czy może mnie ktoś za to zamknąć? Czy jestem złą matką? Nie mam mieszkania, szkoły ani kredek. Nie mam też planu na zdobycie tych rzeczy. A miało być tak pięknie. Miały być kawiarenki i uliczki, które nie wiadomo dokąd prowadzą.

Piątek, 1 października 2021 r.

„Wynajmę mieszkanie dwupokojowe na Woli od zaraz" – nie wierzyłam własnym oczom, kiedy zobaczyłam post w mediach społecznościowych.

– O czym ty piszesz? – Minutę później rozmawiałam już z kolegą, który był autorem tego posta.

– Mój brat ma mieszkanie na Woli do wynajęcia. Ale gdzie ty jesteś? Skąd dzwonisz? Z Malty?

– Nie, jestem w Polsce i szukam dwupokojowego mieszkania na Woli od zaraz.

– No to chyba właśnie znalazłaś.

Nie mogłam uwierzyć. „Nie jestem aż taką złą matką. Chyba właśnie znalazłam mieszkanie" – pomyślałam i ucieszyłam się jak dziecko.

– Jeśli to prawda, szkołę i kredki też zorganizuję – powiedziałam do słuchawki.

---

* Na Malcie wszystkie dzieci chodzą do szkoły w takich samych ubraniach. Każda szkoła ma swój kolor uniformu.

Niedziela, 3 października 2021 r.

Godzina 9:00

Zapakowaliśmy cały samochód. Po brzegi. Wsiadłam za kierownicę i usłyszałam krzyk dzieci:

– Mamusiu, kierownica nie z tej strony!

Znowu się pomyliłam! Ciekawe, ile czasu minie, zanim się tego nauczę. Zanim mi się mózg przestawi na wsiadanie z lewej strony i prowadzenie w ruchu prawostronnym. To będzie chyba prawdziwe wyzwanie. Najważniejsze, że jedziemy. Jedziemy do Warszawy. Witaj, przygodo!

Godzina 14:00

– To są klucze od drzwi, te są od domofonu, śmieci wyrzucamy tam, a tutaj jest wejście do garażu podziemnego – tłumaczył właściciel mieszkania.

Gdyby ktoś kiedyś powiedział mi, że będę się szaleńczo cieszyła z wynajętych czterdziestu metrów kwadratowych, nie uwierzyłabym. Ale ja naprawdę się dziś ucieszyłam. Cieszyłam się jak nigdy.

Godzina 23:00

Padam na twarz. Spakowałam rano samochód, wypełniając jego przestrzeń co do milimetra, układając w nim walizki zawierające całe nasze polskie życie. Przejechałam ponad trzysta kilometrów, odpowiadając na pytania:

– A gdzie zaparkujemy?

– A gdzie będziemy mieszkać?

– A czy na obiad zjemy pierogi?

– Daleko jeszcze?

– A możemy siusiu?

– A zatrzymamy się gdzieś po drodze na placu zabaw?

– A co jutro będziemy robić?

– A czy możemy iść na lody?

Dotarłam do stolicy już lekko zmęczona, podpisałam umowę najmu mieszkania, rozpakowałam samochód i uświadomiłam sobie, że mamy całkowicie pustą lodówkę. Wzięłam więc dzieci i udałam się na zakupy, odpowiadając na kolejne pytania:

– A możemy kupić biszkopty?

– A kakao?

– Będziemy tu teraz codziennie robić zakupy?

– Może kupmy lody i zróbmy fiestę? Tak na pierwszy dzień nowego mieszkania? Co myślisz?

– A czy wciąż jesteśmy w Polsce?

Dotarłam do domu z zakupami, workami pod oczami i uszami do samej ziemi i uświadomiłam sobie, że wszystko mamy w walizkach i kartonach: talerze, pościele i ubrania. Wzięłam się więc do rozpakowywania walizek, odpowiadając na dalsze pytania:

– A gdzie są moje spodnie od piżamki?

– A wzięliśmy od babci szczoteczki do zębów?

– A kto gdzie będzie spał?

Poniedziałek, 4 października 2021 r.

To był bardzo długi dzień. Z samego rana udałam się do szkoły, by zapisać do niej dzieci, chociaż powtarzały mi, że nauka nie jest priorytetem w naszym nowym życiu. Budynek podstawówki wyglądał dokładnie tak jak moja podstawówka trzydzieści lat temu. Dzieci były lekko zdziwione, ja – zachwycona. Ten dzień to dla mnie powrót do przeszłości. Weszliśmy do środka: korytarze, schody, sklepik szkolny, szatnia z metalowymi boksami, zapach obiadu na stołówce, biblioteka, dzieci biegające na przerwie – to wszystko było identyczne jak w moich wspomnieniach. Ten sam zapach, te same dźwięki i ta sama legitymacja uczniowska. Czas się zatrzymał. Ech, chyba sentyment mi się załączył. Jak to Krysia mawia: „Chyba mam wzrusz".

Piątek, 8 października 2021 r.

Czy to piątek? Już? A gdzie wtorek, środa i czwartek? Chyba zostawiłam je gdzieś między biblioteką a sekretariatem szkolnym. Pierwsze dni w nowej szkole okazały się bardzo aktywne, szczególnie dla mnie (po dzieciach jakoś nie widać zmęczenia).

Tydzień zaczął się całkiem ciekawie.

– Co to jest? – zapytała Krysia, pokazując worek z butami.

– Krysiu, to jest worek z bucikami, w których będziesz chodziła po szkole.

– A coś nie tak z tymi, które mam na sobie?

– Wszystko w porządku, ale w Polsce zmieniamy buty.

– Jak to: zmieniamy buty? – Javi aż wybiegł z łazienki, taki był zaciekawiony tematem.

– Idziemy w jednych butach, wchodzimy do szatni i…

– I?

– I zmieniamy buty, po czym odwieszamy te, w których przyszliśmy, na wieszaczek i już – dokończyłam, patrząc na moje pociechy.

– Jesteś pewna?

– Absolutnie.

– Ale wiesz, że chodziłaś do szkoły czterdzieści lat temu i przez ten czas wiele się mogło zmienić?

– Po pierwsze, nie czterdzieści, tylko t r z y d z i e ś c i lat temu. A po drugie, nie zmieniło się nic w temacie zmiany butów. Jestem tego pewna – zakończyłam z lekkim oburzeniem.

„Skąd oni wzięli te czterdzieści lat?" – pomyślałam.

Popatrzyłam na moje latorośle. Ich twarze nie wyrażały niczego. Nawet zrozumienia tematu. Zapadła cisza zaakcentowana zdziwieniem.

– O mamo! Będziemy prawdziwymi kosmitami polskiej szkoły, warszawskimi kosmitami, tego też jestem pewna – powiedziałam pod nosem.

No i się zaczęło. Myślałam, że jak maluchy pójdą do szkoły, to będę miała czas na pracę. Nic bardziej mylnego. W poniedziałek na godzinę ósmą zaprowadziłam Javiego do szkoły, wróciłam i dwadzieścia minut później musiałam odstawić Krysię. W międzyczasie się dowiedziałam, że Javi musi pójść do biblioteki szkolnej, zapisać się i odebrać podręczniki. Tak więc udałam się tam razem z nim. Niestety nie było wszystkich książek, więc należało wrócić do sekretariatu, by je zamówić. Kiedy już wszystko ogarnęłam, postanowiłam odebrać od razu Krysię. Poczekałam więc na nią przed budynkiem.

- Krysiu, zmieniłaś buty?

- Jakie buty?

- Buty, te w worku, pamiętasz?

- Aaaa, jutro zmienię.

- Nie, Krysiu, nie jutro. Wróć teraz i zmień buty. Przy okazji weź też swoją kurtkę.

- Kurtkę? Miałam kurtkę? - zapytała zdumiona.

Próbowałam panować nad emocjami. Cierpliwie poczekałam. Wyszła po dwudziestu minutach. W kurtce, ufff...

- A ten worek z butami? Zostaw go, proszę, w szkole.

- Nie, nie zostawia się w szkole. Trzeba ze sobą zabrać.

- Poważnie? Chodź, wrócimy do szatni i zapytamy.

Wróciłyśmy, zapytałyśmy, buty zostawiłyśmy. To teraz wreszcie do domu.

Zdążyłam zdjąć płaszcz i zauważyłam, że już czas odbioru Javiego, więc znowu pobiegłam pod szkołę. „Odpocznę i usiądę do pracy, jak wrócimy do domu" - pomyślałam nazbyt optymistycznie. Oczywiście mi się to nie udało, przecież trzeba kupić wyprawkę, a w niej: zeszyty, okładki, plastelinę, farby, bibułę, pastele... To też brzmi jak powrót do przeszłości. Poszliśmy zatem jeszcze na zakupy.

Środa nie różniła się niczym od wtorku. Odwiedziłam bibliotekę - tym razem z Krysią - później ponownie sekretariat, by zapytać o karty miejskie, na których podstawie dzieci mogą jeździć środkami komunikacji miejskiej zupełnie za darmo. Odwiedziłam też stołówkę, gdzie się dowiedziałam, że dzieci z klas jeden–trzy przychodzą na obiad z panią wychowawczynią zawsze o tej samej porze, a dzieci z klas cztery–osiem powinny przychodzić również o ustalonej godzinie, ale…

– Sama pani wie, jak to z młodzieżą bywa, oni przychodzą różnie, bo przecież mają swoje priorytety – tłumaczyła mi przesympatyczna kucharka.

Zapisałam dzieci na obiad, pobrałam formularze świetlicowe do wypełnienia i odebrałam dzieci. Nie, nie razem. Za łatwo by było. Najpierw ze szkoły wyszedł Javi i poszłam z nim do parku, bo już nie chciało mi się wracać, a Krysia kończyła czterdzieści pięć minut później. Powrót do domu i… powtórka z rozrywki – ponownie zakupy. Patrząc do naszego koszyka, miałam wrażenie, że wczoraj nic nie kupiliśmy. Wróciliśmy do domu. Ja coraz bardziej padnięta (dzieci jakby mniej).

Czwartek wyglądał bliźniaczo podobnie. Ponownie dwa razy do szkoły. Zaczęłam się zastanawiać, czy to ja do niej chodzę, czy moje dzieci. Kolejny raz odwiedziłam panią bibliotekarkę, by odebrać zamówione książki i wytłumaczyć dzieciom, czym jest „lektura". Później już tylko świetlica, stołówka, gdzie upewniłam się, że obiady będą wegetariańskie, i… powrót do domu. Odbiór dzieci dziś wypadł wyjątkowo o tej samej godzinie.

Stałam pod szkołą. Wyszli – Krysia bez kurtki, a Javi nie zmienił butów. Kazałam im wrócić i czekałam kolejne piętnaście minut. Wyszli. Krysia z workiem w ręku. Worek miał zostać. Kazałam jej wrócić. Wyszła ponownie po dwudziestu minutach.

– Bo mi się siusiu zachciało. Musiałam się rozebrać, zmienić buty, pójść do toalety, wrócić, znowu zmienić buty, założyć kurtkę…

Ta historia nie miała końca. Poczułam, jakby ktoś sprawdzał elastyczność mojej cierpliwości.

Czy wszystkie mamy tak mają?

Rozdział 3

Imię Ksawery

Kiedy byłam w ciąży i postanowiłam mówić do dziecka po hiszpańsku, uświadomiłam sobie, że muszę wybrać jedną wersję jego imienia. Nasz synek ma na imię Ksawery, nie mogłam jednak mówić do niego:

– *Mi pequeño querido** Ksawery.

Brzmiałoby to nienaturalnie. Postanowiłam zwracać się do niego: Javier, a co za tym idzie, zdrabniać jego imię do krótkiego, łatwego do zapamiętania imienia Javi. Imię bardzo szybko zostało zaakceptowane przez całą rodzinę i przyjaciół. Cieszyło się też olbrzymią popularnością na Malcie, gdzie spędziliśmy ostatnich siedem lat. Dla obcokrajowców było dużo łatwiejsze do zapamiętania i do wymówienia. Nasz synek bardzo zżył się z hiszpańską wersją swojego imienia. Nie był w stanie wyobrazić sobie, że ktoś może zwracać się do niego w inny sposób niż: Javi.

Kiedy przyjechaliśmy do Warszawy i zapisałam go do polskiej szkoły, wiedziałam, że może nastąpić zmiana.

– Javi, zapisałam ciebie i Krysię do polskiej szkoły. Twoje imię w dzienniku będzie widniało jako Ksawery i pewnie tak będą się

---

* *Mi pequeño querido* (hiszp.) – mój maleńki, kochany.

do ciebie zwracali nauczyciele, koleżanki i koledzy. Przez ostatnie dziesięć lat na Malcie i w Hiszpanii wszyscy używali zawsze hiszpańskiej wersji twojego imienia, ponieważ polska wersja była zbyt trudna. Tu imię Ksawery będzie dla wszystkich łatwym i zupełnie normalnym imieniem. Musiałbyś teraz podjąć decyzję, czy będziesz chciał być Ksawerym, czy wolisz pozostać Javim.

– Oczywiście, że wolę być Javim.

– Jeśli wolisz używać hiszpańskiej wersji, możemy poprosić w szkole, by wszyscy zwracali się do ciebie: Javi.

Kiedy jednak kilka godzin później usiedliśmy do podpisywania książek i zeszytów, Javi zaczął się wahać.

– Jak chciałbyś podpisać swoje rzeczy szkolne? – zapytałam.

– A czy możemy je podpisać: Ksawery Javi Pelech, klasa czwarta A?

– Możemy je podpisać: Ksawery Javi Pełech, klasa czwarta A – skorygowałam.

Zupełnie nie pomyślałam, że i nasze nazwisko będzie inaczej brzmiało.

– Pełech? – zapytała Krysia, która całe swoje życie słyszała tylko zangielszczoną wersję naszego nazwiska.

– Nasze nazwisko brzmi: Pełech. Zapisujemy je: P, E, Ł, E, C, H, i czytamy: Pełech, a nie: Pelecz*.

– Naprawdę? – Oczy Krysi wyrażały wielkie zdziwienie. – A nie możemy być Pelecz tak jak na Malcie?

– Raczej nie, Krysiu, nasze nazwisko jest polskie i czytamy oraz piszemy je poprawnie po polsku.

– Nie wiem, czy zapamiętam – stwierdziła.

* Na Malcie wszyscy czytali nasze nazwisko jako: Pelecz.

– Nie martw się, zapamiętasz z pewnością – powiedziałam. – Zatem jak podpisujemy książki? – zapytałam synka.

– Ksawery Javi Pełech, klasa czwarta A.

I tak właśnie podpisaliśmy wszystkie rzeczy szkolne.

Kiedy Javi wrócił po pierwszym dniu szkoły, zapytałam:

– Jak dzieci się do ciebie zwracały?

– Wszyscy nazywali mnie: Ksawery, i od razu zapamiętali moje imię.

– Nie prosiłeś nikogo, by zwracał się do ciebie: Javi?

– Nie, wiesz, tak sobie myślę. Skoro mieszkamy w Polsce i mamy taką swoją polską przygodę, to chcę być podczas tej przygody Ksawerym. Przez prawie dziesięć lat byłem Javim. Teraz mam okazję być kimś nowym. To jest nawet fajne, że oni wszyscy mówią do mnie: Ksawery. Chcę być polskim Ksawerym.

I został polskim Ksawerym. Bardzo szybko przyzwyczaił się do tego imienia. Dużo szybciej niż ja. Pamiętam, że kiedy poszłam do biblioteki szkolnej poprosić o brakujące podręczniki, pani zapytała:

– Jak ma na imię syn?

– Javi.

Popatrzyła na mnie zdziwionym wzrokiem i powtórzyła:

– Jak ma na imię syn?

– Ksawery – poprawiłam się. – Ksawery Pełech, z klasy czwartej A.

Długo nie mogłam się przyzwyczaić do pytań:

– Czy jest pani mamą Ksawerego?

Uświadomiłam sobie wtedy, że decyzja, którą podjął Ksawery odnośnie do swojego imienia, ma także duży wpływ na to, kim ja jestem. Po tym, jak przez ostatnie lata byłam *Javi's mum**, stałam się mamą Ksawerego.

Zdarzyło nam się też kilka razy pomylić zeznania. Kiedy ja podawałam, że syn nazywa się Javi Pełech, syn mówił, że nazywa się Ksawery Pelecz. Pewnie wiele osób wątpiło w fakt, że Ksawery jest moim synem, skoro nawet nie wiem, jak własne dziecko ma na imię, i – co gorsza – nie znam jego nazwiska.

Pewnie wiele osób patrzyło na nas jak na warszawskich kosmitów. Zwłaszcza jak zwracając się bezpośrednio do synka, mówiłam: Javi, ale rozmawiając z innymi osobami, używaliśmy już polskiej wersji imienia: Ksawery. Dla mnie miało to swój urok. A co najważniejsze, Javiemu się to szalenie podobało. To, że mieszkając w Warszawie, zyskał nową szkołę, nowych przyjaciół, nowe przygody, nowe imię i nowe nazwisko. Prawdziwa *tabula rasa***. Sytuacja, która może się już nigdy w życiu nie powtórzyć.

---

* *Javi's mum* (ang.) – mama Javiego.

** *Tabula rasa* (łac.) – niezapisana karta.

Rozdział 4

System szkolnictwa

Każdy kraj ma swój system edukacji. Dzieci rozpoczynają przygodę ze szkołą w różnym wieku. I tak na Malcie w ławie szkolnej zasiadają dzieci trzyletnie, w Hiszpanii i Anglii czteroletnie, a w Polsce sześcio- lub siedmioletnie. Który system jest najlepszy? Nie da się tego określić. Pewnie każdy znajdzie swoich zwolenników i przeciwników. Osobiście myślę, że żaden z nich nie jest zły. Problem się pojawia, dopiero kiedy chcemy zmienić kraj. Wtedy okazuje się, że nie jest łatwo ustalić, w której klasie dziecko powinno kontynuować naukę.

– Dzień dobry, dzwonię do państwa, ponieważ chciałabym zapisać dzieci do szkoły – zaczęłam dość niepewnym głosem. – Dzieci do tej pory uczęszczały do szkoły na Malcie.

– Bardzo proszę przygotować takie dokumenty jak dowody osobiste, świadectwa urodzenia i świadectwa ukończenia szkoły na Malcie.

– Świadectwa szkoły na Malcie? Z tym będzie problem, ponieważ na wyspie nie istnieją dokumenty zwane świadectwami szkolnymi – odpowiedziałam.

Wtedy uświadomiłam sobie, jak ważnym dokumentem polskiej edukacji jest świadectwo. Zupełnie o nim zapomniałam.

– A czy ma pani jakiekolwiek potwierdzenie, że dzieci uczęszczały tam do szkoły?

– Mam zaświadczenie.

– I nic więcej?

– Mam też wyniki egzaminu rocznego mojego syna. Egzamin ten pisał na ukończenie czwartej klasy.

– Czwartej klasy? Dobrze, proszę przynieść wszystkie te dokumenty, zobaczymy.

Następnego dnia zjawiliśmy się w szkole. Krysia i Ksawery zostali na korytarzu, a ja wkroczyłam do sekretariatu z teczką w ręku. Miałam w niej wszystkie dokumenty, które pozwoliłyby ustalić poziom edukacji moich dzieci.

– Którą klasę ukończył Ksawery na Malcie? – zapytała pani dyrektor.

– Ukończył czwartą klasę. Teraz byłby w piątej.

– A którą klasę ukończyła Krysia?

– Drugą, teraz byłaby w trzeciej.

– Według rocznika urodzenia w polskim systemie edukacji Ksawery powinien być teraz w trzeciej klasie, Krysia natomiast w pierwszej.

– Tak, są dwa lata różnicy.

Liczyłam się z tym, że dzieci mogą zostać cofnięte o dwa lata. Ale zdawałam sobie również sprawę z faktu, że nie mogą kontynuować nauki wśród starszych dzieci. W tym wieku różnica dwóch lat to przepaść. Szczególnie w przypadku Ksawerego, który jako dziewięciolatek miałby się odnaleźć wśród nastoletnich kolegów.

– Czy dzieci mówią po polsku? Czytają? Piszą? – zapytała pani dyrektor, przeglądając szczegółowe wyniki egzaminu Ksawerego.

– Tak, myślę, że nie odbiegają od swoich polskich rówieśników – odpowiedziałam.

– A jakie mają charaktery? Czy są nieśmiałe, czy może pewne siebie? Czy odpowiadają chętnie na zadane pytania? Czy szybko odnajdują się w nowym środowisku? Czy identyfikują się z Polską? Czy czują się tu jak u siebie? – usłyszałam wiele pytań.

Udzielałam odpowiedzi bardzo szczegółowo, opowiadałam o charakterach swoich pociech. Nie spodziewałam się takich pytań, ale muszę przyznać, że zaskoczyły mnie bardzo pozytywnie.

– Proszę wypełnić te dokumenty, a ja spotkam się z dziećmi i pokażę im szkołę – powiedziała pani dyrektor, wręczając mi plik papierów. Otworzyła drzwi. – Ty jesteś Krysia, a ty Ksawery, prawda? – zwróciła się do dzieci siedzących przed drzwiami sekretariatu. – Chodźcie, pokażę wam waszą nową szkołę.

Wypełniłam wszystkie rubryki, począwszy od miejsca urodzenia, poprzez alergie pokarmowe, skończywszy na pozwoleniach na publikowanie wizerunku. Zamyśliłam się na chwilę. Ważniejsze od daty urodzenia okazały się indywidualne predyspozycje, temperamenty, poziom zdobytej wiedzy i umiejętności społeczne. W oczach pani dyrektor Krysia i Ksawery nie byli datą urodzenia, byli ludźmi, którym należy się indywidualne podejście.

Nagle drzwi gabinetu się otworzyły, stanęły w nich moje od ucha do ucha uśmiechnięte latorośle.

– Krysia już jutro zacznie naukę w klasie drugiej, a Ksawery w klasie czwartej. Będą się uczyli z dziećmi o rok starszymi, ale wierzę, że świetnie sobie poradzą. Klasa druga D oraz klasa czwarta A mają bardzo podobne plany lekcji, Krysia i Ksawery będą więc zaczynali i kończyli zajęcia o podobnych godzinach. Mam jeszcze jedną dobrą wiadomość. – Pani dyrektor odwróciła się do dzieci i powiedziała: – Krysiu, jutro twoja klasa jedzie na wycieczkę szkolną na farmę dyń. Przed tobą więc dzień pełen atrakcji, a ty, Ksawery, jutro zaczynasz dzień od lekcji angielskiego, będziesz się czuł jak na Malcie.

Wracaliśmy do domu z uśmiechami na twarzach. Każdy przecież miał swoje powody do radości. Ja cieszyłam się z tego, że znaleźliśmy złoty środek, nie cofnęliśmy dzieci o dwa lata, ale też nie przyspieszyliśmy ich edukacji, dodając im stresu. Ksawery cieszył się, że na pierwszych zajęciach nie okaże się najgorszym uczniem (bo tego nienawidzi), a Krysia wesoło podskakiwała i trzymając telefon przy uchu, relacjonowała dzisiejszy poranek swojemu tacie:

– I nie uwierzysz! Wiesz co? Na pewno nie wiesz. Jutro jadę na farmę dyń. Będzie tam dużo dyń. Jadę autokarem, takim prawdziwym.

To się nazywa miękkie lądowanie i płynne wejście do nowego systemu szkolnictwa. Wycieczka pierwszego dnia szkoły była atrakcją samą w sobie. Po pierwsze dlatego, że Krysia nigdy nie była na wycieczce, na którą się jedzie dłużej niż trzydzieści minut (z racji skromnej wielkości wyspy dłuższa podróż oznaczałaby zmianę kraju lub – co gorsza – kontynentu). Po drugie, farma, dynie, trawa – wszystko to było cudowną odmianą po siedmiu latach spędzonych na skalistej wyspie.

Polski system to jednak nie tylko farma i wycieczka. Szybko się okazało, że zaskoczy nas wiele rzeczy. Na przykład liczba podręczników.

– Te wszystkie książki będę musiał nosić do szkoły?

– Nie wszystkie naraz, tylko według planu lekcji. Reszta zostanie w domu albo w szafeczce szkolnej.

– Planu lekcji? A skąd weźmiemy taki plan?

– Już mamy, wydrukowała nam pani dyrektor pierwszego dnia.

– Poważnie? Nigdy nie miałem planu lekcji.

No tak, kolejna rzecz, która funkcjonuje zupełnie inaczej. Plan lekcji, który pojawia się pierwszego dnia szkoły nad łóżkiem, biurkiem lub na lodówce każdego ucznia.

Na Malcie dzieci zawsze idą na tę samą godzinę. Kończą też o stałej porze. Książki mają w klasie, a kolejność przedmiotów znana jest tylko nauczycielce.

– W Polsce musisz znać swój plan lekcji, ponieważ musisz wiedzieć, kiedy masz historię lub przyrodę, aby się na te zajęcia przygotować.

– Przygotować? Ale na co?

– Na to, że nauczyciel zawsze cię może o coś zapytać.

– O co?

– O temat ostatniej lekcji. Możesz mieć niezapowiedziany sprawdzian albo zapowiedzianą klasówkę. – Ktoś musiał przecież dzieciom uświadomić, na czym polega polski system edukacji.

Popatrzyłam na syna. Siedział z niewyraźną miną. Wszystkie te pojęcia, takie jak sprawdziany czy kartkówki, były mu kompletnie obce. Podobnie jak lektury obowiązkowe, o które należało się samemu zatroszczyć. Wypracowania, klasówki, dyktanda czy odpowiedzi ustne. Wszystko przerażało nowością.

– Jak tam pierwszy tydzień nowej szkoły? – zapytała moja ciocia, gdy zadzwoniła w piątkowy wieczór.

– Znakomicie, maluchy radzą sobie bardzo fajnie w nowej szkole, mimo że są o rok młodsze od kolegów i koleżanek.

– Zapisałaś je rok wyżej?

– Nie wiem, czy moje zapisywanie miało z tym cokolwiek wspólnego, ale tak, są o rok wyżej.

– Czy nie jesteś zbyt ambitna?

– Ciociu, już za moich czasów zdarzało się, że dzieci były o rok młodsze albo o rok starsze od pozostałych uczniów w klasie. Rok nie jest dużą różnicą. Poza tym zapoznawałam się z polskim programem nauczania i myślę, że sobie poradzą.

– A ja uważam, że jesteś zbyt ambitna, że przyspieszasz dzieci zupełnie niepotrzebnie. Sama zobaczysz, to nie jest Malta. Nie będą sobie tak dobrze radziły jak na wyspie, ponieważ tu jest zupełnie inny system nauczania. Po co zabierasz im ten rok?

– Może nie zabieram, tylko daję w prezencie?

Im dłużej rozmawiałam z ciocią, tym bardziej wierzyłam w to, że robię dobrze. Krysia, która na Malcie ukończyła dwie klasy zerówki i dwie klasy szkoły podstawowej, mogłaby się nudzić w polskiej pierwszej klasie. Poza tym naprawdę wierzyłam w to, że daję, a nie zabieram im jeden rok. Jeśli kiedyś w życiu będą chciały zrobić sobie wolne, wyjechać w podróż dookoła świata lub spróbować swoich sił w innym kraju, będą miały właśnie ten rok na realizację swoich planów.

Kiedy opanowaliśmy już podstawowe tematy związane z polską szkołą, udaliśmy się w odwiedziny do mojej przyjaciółki jeszcze z lat szkolnych. Mieszkanie w Polsce ma wiele plusów, jednym z nich jest możliwość odwiedzania osób, z którymi trzydzieści lat wcześniej siedziało się w jednej ławce. Uczucie absolutnie bezcenne. Doceniam je każdego dnia i nacieszyć się nim nie mogę. Gdy już usiadłyśmy przy filiżance kawy, opowiadałam:

– I szkoła jest bardzo fajna i wszyscy wydają się tacy pomocni. Ogarnęliśmy już wszystko. Mamy książki, nawet do biblioteki się zapisaliśmy, gdybyśmy potrzebowali na przykład jakiejś lektury, mamy zeszyty, Krysia już była na wycieczce. Opanowaliśmy nawet stroje i obuwie na WF, co było dla nas czymś nowym.

Wszystko to opowiadałam z dumą, a w myślach mówiłam sobie: „Martyna, jesteś cudownie zorganizowaną mamą".

– No super. U nas niestety już w pierwszym tygodniu nauczycielka od języka polskiego zachorowała i Gosia ciągle ma zmiany w planie lekcji albo co drugi dzień godzinę z wychowawcą – stwierdziła moja przyjaciółka Ewcia.

– Też mam godzinę z wychowawcą – wtrącił Ksawery.

– I co robicie na tej godzinie? – zapytałam.

– Nic konkretnego, wiesz, godzina z wychowawcą to taka, kiedy wychowawca dzieli się z nami swoimi uczuciami. Na Malcie nie mieliśmy czegoś takiego.

W pokoju zapanowała cisza. Chyba wszyscy po cichu analizowali tę odpowiedź. Dość oryginalną, lecz w sumie bardzo trafną.

– Ale poczekaj, zmieniają wam tak cały czas plan lekcji?

– Tak, jak nauczyciel jest chory, to wtedy albo dzieci później zaczynają szkołę, albo wcześniej kończą, albo mają zastępstwo...

– O rany, faktycznie, tak było za naszych czasów.

– Tak jest cały czas – wtrąciła Ewcia. – Zrobić ci jeszcze herbaty? Mam taką fajną, jesienną, o smaku dyni z karmelem.

– Poczekaj, poczekaj, czyli trzeba codziennie śledzić temat chorób nauczycieli?

– A na Malcie nie musiałaś?

– No nie, tam dziecko idzie zawsze na tę samą godzinę i zawsze kończy o tej samej porze. Rodzica nie interesuje, co się dzieje pomiędzy tymi godzinami. Jako rodzic nie wiesz, czy jest zastępstwo, nie jesteś świadoma jakiejkolwiek nieobecności nauczyciela. Jedyne, co dostajesz, to wiadomość SMS, jeśli twoje dziecko nie dotarło do szkoły lub się spóźniło.

– Takie informacje też masz w Polsce, ale nie SMS-em.

– A czym?

– Wszystko widzisz w dzienniku elektronicznym, nie mówili ci o Librusie?

– Coś wspominali, ale nie miałam czasu zagłębić się w temat. Wiesz co, to zaparz lepiej tę herbatę dyniową.

– Tak zrobię – odpowiedziała do mnie i krzyknęła w stronę korytarza: – Gosiu! Przynieś komputer i pokaż cioci Librusa.

I wtedy uświadomiłam sobie, że to jest ten moment, w którym stałam się na tyle stara, żeby nowe pokolenie musiało na komputerze uczyć mnie życia.

– A swoją drogą, to jak my sobie radziliśmy trzydzieści lat temu? Skąd nasi rodzice wiedzieli, że mamy odwołane zajęcia? Nie było Librusów, telefonów komórkowych, ja nawet stacjonarnego w domu nie miałam. – Zaśmiałam się.

– Chyba nie wiedzieli za dużo o naszym planie dnia – stwierdziła Ewcia i uśmiechnęła się przy tym tajemniczo na samą myśl o naszym beztroskim dzieciństwie.

Do pokoju wbiegła Gosia z komputerem w ręku, a za nią Krysia i Ksawery.

– Ciociu, patrz, tu musisz wpisać hasło. Masz hasło?

Otworzyłam mój kalendarz. Wiem, wiem, jestem starej daty, dlatego wszystko notuję sobie długopisem w archaicznym, poczciwym kalendarzu, który dźwigam zawsze ze sobą ku zdziwieniu młodego pokolenia.

– Hasło do platformy języka angielskiego, hasło do matematyki, hasło do biblioteki, hasło do… – czytałam. – Hasło do Librusa Ksawerego jako rodzic, jako uczeń…

– Tak, to jest to, pokaż, ciociu, ja ci wpiszę.

Gosia wpisała magiczne hasło, po czym otworzyła przede mną okno na świat polskiej edukacji.

– Co to jest?

– Jak to: co? To jest plan lekcji. Jutro nie mają matematyki, idą więc później do szkoły, w środę mają klasówkę z historii, w piątek zaczynają omawiać *Akademię pana Kleksa*…

– Pokaż no ten komputer, tam to wszystko jest napisane?

Wzięłam do ręki laptop i nie mogłam uwierzyć własnym oczom. Grafik wypełniony po brzegi, a tam: klasówki, poprawy, sprawdziany, wycieczki, lektury i choroby nauczycieli.

– To jest skarbnica wiedzy, jak ja bez tego żyłam? – zapytałam sama siebie i wszystkich wokoło.

– A tu masz, ciociu, obecności, spóźnienia, oceny, wiadomości od nauczycieli, ogłoszenia szkolne – kontynuowała.

– No to dużo przed nami. Ciekawy tydzień nam się zapowiada. I ta lektura. Już chyba wolałam żyć w błogiej nieświadomości.

– Nie jest tak źle. Dacie radę. Przynajmniej już bibliotekę znaleźliście, więc wiecie, gdzie się udać po lekturę – pocieszała mnie przyjaciółka, podając kubek świeżo zaparzonej herbaty dyniowej.

Czułam, że dołączyłam do grupy warszawskich kosmitów. Patrząc na ekran komputera, powtarzałam w myślach: „Martyna, nie jesteś cudownie zorganizowaną mamą”.

Rozdział 5

Złota polska jesień

Kiedy przyjeżdżasz do Polski po wielu latach nieobecności, dużo cię zaskakuje. Rzeczy całkowicie normalne stają się nowością, a codzienna polska rutyna staje się wyzwaniem. I odczuwasz to każdego dnia na wszystkich szczeblach życia.

Chyba najbardziej ekscytującym przykładem, jaki mogę tu podać, jest obecność czterech pór roku. Rzecz całkowicie prozaiczna, bo kto z nas, Polaków, zwraca szczególną uwagę na fakt zmieniającej się pogody? Kto dostrzega jej dynamikę i chłonie ją całym sobą? Kiedy oświadczyłam rodzinie i przyjaciołom, że będziemy mieszkać w Polsce, wszyscy mówili to samo:

– O, to dopiero zmarzniecie. Już pewnie zapomnieliście, jak to jest w Polsce. Jak jesienią jest szaro, a zimą mroźnie. Kupcie sobie ciepłe ubrania.

I kupiliśmy. Oczywiście, że wyposażyliśmy się odpowiednio. Ale szybko się zorientowałam, że nie to było najważniejsze.

– Mamusiu, słuchaj teraz, ale słuchaj, słyszysz? – powiedziała półszeptem Krysia, kiedy spacerowaliśmy przez park.

Był październik. Nasze pierwsze dni w Warszawie.

– Ale czego, Krysiu? – odpowiedziałam też półszeptem.

– Ciiii… Słuchaj, jak szepczą.

– Kto szepcze? – Byłam zaintrygowana.

– Nie słyszysz, bo nie słuchasz. Liście szepczą, słuchaj: szszszszszszsz… One szepczą – powiedziała już głośniej uradowana Krysia, szurając nogami po ziemi.

– No faktycznie, szepczą, nigdy się nad tym nie zastanawiałam, a one faktycznie szepczą – powiedziałam i zamyśliłam się nad tym tematem.

W szkole uczyli nas, że liście szeleszczą, i nigdy nie próbowałam nazwać tego inaczej. Znałam określenia „szelest liści" i „liście szeleszczą na wietrze". A przecież one równie dobrze mogą szeptać, bo dlaczego nie?

I tak w wieku trzydziestu kilku lat stałam w parku i zastanawiałam się nad nazewnictwem dźwięku wydawanego przez liście. Krysia i Ksawery biegali wkoło. Było w nich tyle radości, tyle dziecięcego czystego szczęścia. Chwytali liście w maleńkie dłonie i rzucali nimi przed siebie. Układali wielki kolorowy stos i skakali na niego. Mogli bawić się tak godzinami. A ja mogłam godzinami na nich patrzeć. Byli tacy szczęśliwi.

Czas przestał się dla nas liczyć. Jesienna aura, której się tak obawiałam, nie była szara. Miała mnóstwo kolorów.

– A dlaczego te liście spadają? – pytał Ksawery.

– Jesienią drzewa gubią liście, ponieważ przygotowują się na zimę.

– Taki *circle of life**?

– Tak, taki *circle of life*.

---

* *Circle of life* (ang.) – cykl życia.

– Nie wiedziałem, że drzewa mają też *circle of life*. Wiedziałem, że *caterpillar*[*] albo fasola mają *circle of life*, ale drzewa? A czy palmy również go mają?

Czy palmy mają *circle of life*? Takie pytanie mogło zadać jedynie dziecko mieszkające całe swoje życie nad Morzem Śródziemnym. Palmy są zawsze zielone. Mogą mieć dużo lub mało liści, mogą też być wygięte na wietrze lub spalone maltańskim słońcem. Nie gubią jednak liści i nie zmieniają koloru. Ale przecież też mają cykl życia.

Spadające liście i pory roku to są rzeczy, których uczymy się w wieku trzech, może czterech lat. Mama idąca z przedszkolakiem tłumaczy mu:

– Zobacz, liście spadają. Możemy je wziąć do domku i zasuszyć. Drzewko traci liście na zimę tylko po to, by na wiosnę urosły mu nowe.

Przedszkolak patrzy wtedy z niedowierzaniem i ze zdziwieniem. Dokładnie z takim samym zdziwieniem patrzyły na mnie moje dzieci. One nie doświadczyły tego w wieku przedszkolnym. Teraz zobaczyły to pierwszy raz w życiu. Kiedy widzisz szokującą cię rzecz, twoje zdziwienie jest bardzo duże i nieważne, czy masz cztery, dziesięć, czy trzydzieści lat. Twój mózg reaguje tak samo. Niedowierzaniem.

Jesienne dni oprócz tego, że przyniosły nieskończoną ilość barw, zmieniły też nasze pojęcie czasu. I nie mówię tu o długich, chłodnych wieczorach (które też miały swój urok), lecz o minutach, a nawet godzinach spędzonych na zewnątrz tylko po to, by pobiegać w gumowcach po dworze lub pobawić się kolorową

---

[*] *Caterpillar* (ang.) – gąsienica.

parasolką w trakcie ulewy. Pamiętam, jak pod koniec października szłyśmy z Krysią do szkoły i przechodziłyśmy obok olbrzymiej kałuży. Było mnóstwo ludzi pędzących w swoich kierunkach. Kilka osób z rozłożonymi parasolkami, inni na rowerach z czapkami na głowach. Dzieci biegły w kierunku szkoły z kapturami, które zasłaniały im widok.

– Pogoda nie do pozazdroszczenia – powiedziałby ktoś.

Ale nie warszawscy kosmici. Krysia nie była w stanie nacieszyć się liczbą kałuż, po których mogła brodzić w nowych kaloszach. Zbierała mokre liście i robiła z nich statki, krzycząc przy tym:

– Halo, port w Birżebbuġa*? Proszę o pozwolenie na wejście olbrzymiego statku liścia.

– Krysiu, mamy dziesięć minut, musimy już iść – pospieszałam ją.

– Zaraz, zaraz! – krzyczała Krysia i biegła do drugiej kałuży, mówiąc: – Pozwalamy na wejście statku liścia do portu, odbiór…

Tak wyglądała nasza droga do szkoły. Miałyśmy do przejścia osiemset metrów, a zajmowało nam to czasami pół godziny, czasami więcej. Zmysły Krysi były otwarte na wszystkie bodźce, czerpała przyjemność z deszczu, kałuż i noszenia kaloszy czy parasolki w dłoni. Ktoś powie: „Przecież na Malcie też pada deszcz". Ale jest to zupełnie inny deszcz. Pogoda deszczowa na wyspie łączy się zawsze z gwałtownym wiatrem, bardzo często ze sztormem. I choć trudno w to uwierzyć – z zimnem. Nie ma jesiennych ciepłych deszczów. Nie można spacerować spokojnie z parasolką, ponieważ niełatwo utrzymać ją w dłoni. Październikowy deszcz w Polsce to coś kompletnie innego.

---

* Birżebbuġa – największy port na Malcie. Wpływają do niego ogromne kontenerowce z całego świata.

– Uwielbiam, kiedy pada deszcz i krople tak wolno spływają po szybie – mówił Ksawery.

Nie mogłam zrozumieć jego zachwytu.

– Dlaczego?

– Na Malcie tego nie ma, tam jak pada, to deszcz bardzo mocno i energicznie uderza o szyby. Polski deszcz jest taki spokojny, bardzo mnie relaksuje. I możesz palcem jeździć po szybie, patrz, o tak!

Podniósł palec wskazujący i dotknął kropli z drugiej strony szyby. Ta powoli spływała ku dołowi. Razem z nią opuszka mojego synka. Koncentrował się na jej drodze, przesuwając równo swój palec.

– Widzisz, jak nią kieruję? – zapytał z radością w oczach.

Z taką cudowną dziecięcą radością. Ja też kiedyś się w ten sposób bawiłam, siedząc przy mokrej szybie. Już o tym zapomniałam. Za szybko wyrastamy z dzieciństwa.

– Pokaż, zobaczę, czy mój palec też będzie tak działał – powiedziałam, siadając obok swojego dziesięciolatka.

Rozdział 6

Zajęcia dodatkowe

Nie zakończyliśmy jeszcze procesu aklimatyzacji w polskiej szkole, kiedy postanowiłam zapisać dzieci na zajęcia dodatkowe. I wcale nie po to, by mieć więcej na głowie i bardziej zapełnić sobie grafik. Kiedy uczysz się języka, musisz zanurzyć się w nim. A nie ma wspanialszego zanurzenia dla dzieci niż sporty i inne zajęcia w grupie rówieśniczej.

Dzieci mówiły płynnie po polsku, ale doskonale zdawałam sobie sprawę, że nie opanowały młodzieżowego stylu mówienia, slangu, który przecież zmienia się z roku na rok. Doskonale znały język osoby dorosłej, zagłębiły się też trochę w dziecięcy sposób mówienia, spędzając wakacje na polskich półkoloniach. Ale nigdy nie miały kontaktu z polską młodzieżą, z tymi wszystkimi powiedzonkami, które tak szybko przechodzą do codziennego słownika.

Wiedziałam, że szkoła im to zapewni, ale byłam również świadoma, że zajęcia dodatkowe będą wisienką na naszym polskim torcie. W opanowaniu języka nie chodzi o to, by pójść do szkoły. Jeśli jego naukę ograniczymy do uczęszczania do szkoły, to nauczymy się słów związanych ze szkołą. Jeśli rozszerzymy ją jeszcze o zajęcia na basenie, dodamy słownictwo basenowe. Kiedy będziemy mieli kontakt z żywym językiem w szkole, bibliotece, na przeróżnych zajęciach sportowych, szachowych i tanecznych, ekspozycja na niego nam się maksymalnie rozszerzy. Poznamy setki nowych słów. Co więcej, poznamy zachowania społeczne, bo przecież inaczej zwracamy się do nauczyciela w szkole, inaczej do trenera sportowego i jeszcze inaczej do prowadzącego kurs szachowy. Poznamy sposób współpracy w grupach, wiele detali kulturowych i tradycyjnych. Wszystko to tworzy język i wszystko to jest niezbędne w procesie nie tylko nauki mowy, ale i nauki życia w społeczeństwie. A jedynie to gwarantuje pełne zanurzenie.

I tak zaczęły się poszukiwania zajęć pozalekcyjnych. Polski system zakłada, że dziecko zaczynające szkołę w wieku lat siedmiu jest również w pełni gotowe na zajęcia dodatkowe. Pamiętam, jak bardzo mnie to zdziwiło kilka lat temu, kiedy poszukiwałam polskich półkolonii dla dzieci i nigdzie nie mogłam znaleźć nic dla najmłodszych, poniżej wieku szkolnego. Na Malcie cztero- czy pięciolatki sterują łódką na otwartym morzu, robią gwiazdy i szpagaty na jakże popularnych zajęciach gimnastycznych czy są członkami klubu piłkarskiego, nosząc dumnie lekko za duży strój i skarpety zakrywające kolana. Tu, w Polsce, najczęściej należy przekroczyć magiczną granicę siedmiu lat, aby móc uczestniczyć w zajęciach dodatkowych. Kiedy przyjechaliśmy do Warszawy, Krysia miała dokładnie siedem lat, a Ksawery dziewięć. Można więc powiedzieć, że byliśmy w idealnym wieku, aby zacząć prawdziwą przygodę.

Możliwości, jakie daje nam w tym temacie stolica, są nieograniczone. Można przebierać w zajęciach sportowych, ruchowych, rozwijających dziecięce mózgi we wszystkich możliwych kierunkach.

Co więcej, każda z tych aktywności znajduje się na wyciągnięcie ręki. Nie trzeba tracić godziny czy dwóch na dojazd z punktu A do punktu B, by zostawić pierwsze dziecko, później udać się do punktu C, by zostawić drugie dziecko, tylko po to, by następnie spiesznym krokiem powrócić do punktu B (bo brakuje czasu na punkt A), udać się ponownie do punktu C i radośnie powrócić po kilku godzinach do punktu A. Na szczęście da się uniknąć tej wątpliwej przyjemności spędzenia wieczoru w samochodzie jako mama taksówkarka. Jeśli nie jesteśmy bardzo wymagający, ale za to bywamy elastyczni w naszych wyborach, możemy zorganizować wszystkie zajęcia w dzielnicy, w której mieszkamy. Oznacza to, że na większość z nich możemy dojść pieszo lub dojechać na rowerze, hulajnodze czy tramwajem.

W tym całym nieograniczonym wyborze zajęć jest jednak pewien limit. Mianowicie liczba wolnych miejsc. Bardzo często należy zarejestrować się już w wakacje, aby mieć zagwarantowane miejsce. Wykonałam wiele telefonów i odwiedziłam mnóstwo ciekawych punktów tylko po to, by dowiedzieć się, że rekrutacja jest już dawno zakończona. Ale nie załamywałam się i szukałam dalej.

I znalazłam, tak blisko, że aż trudno mi było w to uwierzyć. Rozwiązanie miała bowiem dla mnie szkoła, co bardzo mnie zdumiało i mile zaskoczyło. Budynki szkolne na Malcie stoją opustoszałe po godzinie piętnastej. Zawsze mnie to zadziwiało. Choć wiele maltańskich szkół prowadzi tak zwane klubiki, czyli odpowiedniki naszej świetlicy, nawet w nich niewiele się dzieje. W Polsce budynki szkolne przechodzą na popołudniową zmianę. Szczególnie te w wielkich miastach. Tętnią życiem i wesołym krzykiem dzieci przybyłych na sporty walki, zajęcia szachowe czy też językowe. Boisko do późnych godzin wieczornych zajęte jest przez kluby sportowe. Mali piłkarze w różnym wieku ćwiczą swoje umiejętności bez względu na warunki atmosferyczne. Gdy patrzyłam na chłopców biegających w deszczu, śniegu czy wietrze, przypominały mi się te wszystkie maltańskie zajęcia sportowe odwołane z powodu opadów.

– Chłopcy muszą być odporni. To są sportowcy, piłkarze, niech się hartują, przecież dorośli piłkarze też grają bez względu na pogodę – usłyszałam kiedyś na zebraniu rodziców dotyczącym tematów sportowych.

W tym samym czasie, kiedy chłopcy się hartują, dziewczynki ćwiczą układy taneczne z pomponami w rękach. I te magiczne pompony przyciągnęły uwagę Krysi, która przyszła docelowo na trening piłki nożnej.

– Krysiu, i jak tam? – zapytałam ją po treningu. – Zapisać cię na piłkę nożną?

– Fajnie – zabrzmiała odpowiedź typowa dla niespełna ośmioletniej dziewczynki.

– Tylko fajnie? To jeszcze może nie być wystarczająco, by zostać członkiem klubu piłkarskiego.

– A tam? Na sali? Mogę zobaczyć, co to za muzyka? – zapytała, kiedy już jedną nogą przekraczała próg sali gimnastycznej.

– Oczywiście, że możesz – powiedziałam sama do siebie i trochę w kierunku pleców córki, które już znikały za drzwiami.

Krysia weszła na salę i od pierwszego wejrzenia zakochała się w zajęciach cheerleaderek. I choć małe tancerki nie miały na sobie jednakowych uniformów, obuwia w tym samym kolorze i tak samo związanych włosków, co również mnie zdziwiło po Malcie, wyglądały uroczo. Wszystkie pełne zapału, rozciągnięte, z uśmiechami na twarzach i tą iskierką w oku, jakże charakterystyczną dla małych tancerek.

– Chcę być cheerleaderką – postanowiła Krysia.

– A nie piłkarzem? Chciałaś grać w piłkę.

– Nie chcę już grać w piłkę. Chcę tańczyć.

– Ale te zajęcia odbywają się aż trzy razy w tygodniu, trwają po dwie, czasem trzy godziny, do tego należy rozciągać się w domu. Dochodzą również spotkania weekendowe, nie będzie więc długiego spania w sobotę rano.

– Wiem. Chcę chodzić na te zajęcia. – Krysia uparcie dążyła do swego.

– Dobrze, zapytam panią, co należy kupić i kiedy możesz zacząć – obiecałam.

– Jej! Super!

– W środę o siedemnastej – usłyszałam w odpowiedzi. – I nic nie trzeba kupować. Proszę, by córka przyszła w wygodnym stroju, w którym bez oporów będzie mogła ćwiczyć szpagaty i gwiazdy – dodała młoda i energiczna trenerka zespołu cheerleaderek.

Bardzo spodobało mi się to podejście do tematu. Kiedy Krysia ćwiczyła układy taneczne, Ksawery doskonalił swoje umiejętności pływackie na osiedlowym basenie. Odległość, jaką mieliśmy do pokonania, była tak mała, że bez problemu poruszaliśmy się pieszo czy rowerami. Dzięki temu dzieci bardzo szybko zaczęły samodzielnie przemieszczać się ulicami Warszawy. Ksawery często odprowadzał Krysię na zajęcia i później sam szedł na basen. Stał się prawdziwym starszym bratem. Odpowiedzialnym już nie tylko za siebie, ale i za młodszą siostrę. To dodało mu pewności siebie.

Często chodziłam z nim na basen i obserwowałam, jak sobie radzi.

– Fajnie pływa, nie boi się wody, nurkuje też super – usłyszałam po pierwszym treningu z ust trenera – ale brakuje mu odpowiedniej postawy i stylu.

– Ksawery wychował się na wyspie, obcował z wodą od urodzenia. Oddaję go w pana ręce, proszę nadać mu styl, cokolwiek to znaczy.

Aby rozszerzyć naszą ekspozycję na język polski, do zajęć sportowych dodaliśmy zajęcia szachowe organizowane w pobliskiej bibliotece. Zupełnie darmowe. Po raz kolejny było to dla mnie olbrzymim zaskoczeniem. Nie spotkałam się wcześniej z jakimikolwiek bezpłatnymi zajęciami dla dzieci.

– Na szachy będziemy jeździli tramwajem – oznajmiłam już na początku.

– Tramwajem? – zabrzmiał znajomy duet zdziwienia.

– Tak, nigdy wcześniej nie jeździliście nigdzie tramwajem, a chcę, byście nauczyli się poruszać komunikacją miejską.

Uczniowie warszawskich placówek edukacyjnych otrzymują Kartę Warszawiaka, która upoważnia ich do darmowych przejazdów komunikacją miejską na terenie nie tylko miasta, ale także całej aglomeracji. Chyba nie muszę dodawać po raz kolejny, jakie było moje zdziwienie, kiedy odebrałam z sekretariatu dwie karty opatrzone zdjęciami moich dzieci.

– Ale skąd mamy wiedzieć, który tramwaj? Gdzie wysiąść? A co z biletem? Kupimy u pana kierowcy? – Krysia obsypała mnie pytaniami.

– „U pana motorniczego" się mówi – skorygował ją Ksawery.

„Zawsze jedno słówko więcej w naszym słowniku" – pomyślałam. Otworzyłam mapę Warszawy, aplikację komunikacji miejskiej i zaczęliśmy naukę poruszania się po stolicy.

– Tu mieszkamy. Tu chcemy dojechać. O, tu widzimy, jakie numery autobusów i tramwajów jadą w tym kierunku.

W teorii wszystko wyglądało na dość łatwe i przejrzyste. I z takim właśnie optymistycznym podejściem wsiedliśmy do tramwaju numer trzynaście i udaliśmy się w stronę centrum. Kupiłam w automacie bilet jednorazowy dla siebie, usiadłam zrelaksowana i wzięłam Krysię na kolana (uwielbiam to robić, bo zdaję sobie sprawę, że są to już ostatnie momenty, kiedy wciąż chce tak ze mną siadać). Tramwaj ruszył. Dzieci delikatnie zdenerwowane, ale też zaciekawione wszystkim wkoło.

– Mamusiu, a czy my wiemy, który jest nasz przystanek?

– Tak, wiemy, wiemy. Przecież wszystko sprawdziliśmy na mapie, pamiętacie? – odpowiedziałam w pełni zrelaksowana.

– Tak, tak, może to już tu? – zapytała lekko zestresowana Krysia.

– Nie, spokojnie. Mamusia wychowała się w Polsce i wie, jak jeździć tramwajami.

– Ale przecież w Kutnie nie było tramwajów – usłyszałam lekko uszczypliwy komentarz płynący z ust mojego pierworodnego.

– No w Kutnie nie było, ale w czasach studenckich jeździłam tramwajami – odpowiedziałam oburzona.

– Aha.

– Może to już tu? – niecierpliwiła się Krysia.

– Nie, Krysiu, spokojnie, na pewno zobaczymy przez okno budynek biblioteki.

– Ale jest ciemno, jak zobaczymy? – zauważyła trafnie ośmiolatka.

– Zobaczcie, tam, na wyświetlaczu, pojawiają się nazwy przystanków. Odprężcie się i je czytajcie.

– A jak się nasz nazywa?

– Metro Ratusz Arsenał.

– To właśnie go minęliśmy – powiedział Ksawery z triumfem w głosie.

– Co? Jak to: minęliśmy? – Zerwałam się z siedzenia i spojrzałam na tablicę.

– Następny przystanek: Stare Miasto – usłyszałam z głośników.

– Czy to prawda? Czy minęliśmy nasz przystanek?! – Krysia wpadła w panikę.

– Nooo... Minęliśmy, ale nie ma co się martwić. Wysiądziemy na najbliższym i spacerkiem dojdziemy do biblioteki. – Starałam się powiedzieć to pewnym siebie głosem, choć myślę, że nie zatuszował on moich czerwonych ze wstydu policzków.

No cóż, sama dawno nie jechałam tramwajem po Warszawie. Niestety okazało się, że odległość między przystankami była dość duża. Dzieci jednak dzielnie szły, zapewniając mnie, że przecież nic się nie stało.

– Zawsze możemy podjechać ten jeden przystanek tramwajem. Zaraz na pewno coś przyjedzie – próbowałam ich przekonać.

– Nie, chodźmy pieszo – upierały się, jakby z jakiegoś powodu bały się wsiąść do komunikacji miejskiej.

Do biblioteki weszliśmy piętnaście minut przed czasem. Na miejscu okazało się, że zajęcia będą trwały dziewięćdziesiąt minut. Stanęłam w drzwiach, zastanawiając się, co też w tym czasie mogłabym zrobić i czy opłaca mi się wracać do domu (typowe pytanie Matki Polki).

– Proszę iść piętro niżej, do wypożyczalni dla dorosłych. Tam z całą pewnością znajdzie pani coś ciekawego dla siebie – zabrzmiał przekonujący głos przesympatycznej bibliotekarki.

Poszłam i zniknęłam między regałami. Zatrzymałam się oczywiście przy sekcji pisarzy hiszpańskich. Tu postanowiłam wybrać coś dla siebie. Dawno nie czytałam literatury hiszpańskiej po polsku. Klimat biblioteki wciągnął mnie do reszty: zapach książek, lekki półmrok i ta cisza... Wzięłam do ręki lekturę i usiadłam w wygodnym fotelu. Poczułam się tak błogo, nawet lekko sennie. Zaczęłam czytać. Tak jakbym zniknęła z tego budynku i przeniosła się na ulice dawnej Barcelony. Nie zauważyłam, kiedy mi minęła pierwsza godzina. Uświadomiłam sobie, że już nawet nie pamiętam, kiedy ostatnio miałam tyle spokoju i – co najważniejsze – dziewięćdziesiąt minut koncentracji tylko nad czytaną książką (kto ma dzieci, ten zrozumie).

Zastanawiałam się, jak zagospodaruję ten czas, i szybko się okazało, że sam się zagospodarował. Cotygodniowe czytanie książek w bibliotece stało się moją tradycją i spieszyłam na nie z jeszcze większą radością w sercu niż maluchy podążające na cotygodniowy kurs szachowy. I chyba nawet bardziej przeżywałam losy mojego książkowego bohatera niż nazwy figur i ustawień szachowych, których dzieci próbowały mnie każdorazowo nauczyć podczas tramwajowych powrotów.

Ostatnim elementem naszych aktywności pozalekcyjnych były zajęcia plastyczno-techniczne w filii biblioteki na naszym osiedlu. Tam maluchy chodziły same pieszo, co bardzo dodało im pewności siebie i było kolejnym krokiem do samodzielności. Uwielbiały to uczucie, ten moment, kiedy mówiłam im: „Za dwadzieścia minut macie zajęcia w bibliotece, wyszykujcie się i idźcie, a po zajęciach wróćcie prosto do domu".

Z czasem zaczęłam im również dodawać zadania, które miały do wykonania podczas drogi.

– Dziś wyjdźcie wcześniej i wstąpcie, proszę, na pocztę wysłać ten list. Kupcie znaczek na polecony priorytet. A wracając, wejdźcie do sklepiku osiedlowego i kupcie pieczywo na kolację. Pamiętajcie, chleb ciemny na zakwasie.

Nawet nie zdawałam sobie sprawy wcześniej, jak ważne jest zlecanie dzieciom obowiązków tego typu. Po pierwsze, nieustannie rozwijały swoje umiejętności językowe w stresujących okolicznościach. Zupełnie inaczej rozmawia się z babcią po polsku, inaczej z nauczycielem w szkole i inaczej z panią w okienku na poczcie. Myślę, że rozmowa w różnych sytuacjach życiowych bardzo dużo nam daje. Po drugie, zaobserwowałam, że dzieci stawały się coraz odważniejsze, bardziej otwarte i pewne siebie. Nie potrzebowały już mamy w każdej chwili. Uświadomiły sobie, że same potrafią załatwić wiele spraw, zrobić zakupy, odebrać paczkę z paczkomatu, porozmawiać z panią w aptece, przedłużyć termin książki w bibliotece czy nawet zakupić potrzebne rzeczy w sklepie papierniczym położonym po drugiej stronie olbrzymiego warszawskiego osiedla.

Kiedy potrafisz porozumieć się w danym języku, automatycznie zdobywasz łatwość poruszania się po kraju, w którym ten język jest urzędowy. Kiedy zaś jesteś pewny siebie i nie masz absolutnie żadnych blokad językowych czy kulturowych, wszędzie czujesz się jak u siebie. To właśnie zaobserwowałam u swoich dzieci. I nie jest istotne, że nie wychowały się tu, nie przemierzały polskich ulic wzdłuż i wszerz, nie chodziły tu do przedszkola i nie jadły nigdy w życiu polskich pączków. W Warszawie czuły się jak u siebie w domu, od pierwszego dnia zanurzyły się nie tylko w polskim języku, ale i polskiej kulturze. Poznały wszystko to, co zwie się polskością.

Rozdział 7

Wybór szkoły

Kiedy zaczynasz mieszkać w mieście, które liczy prawie dwa miliony mieszkańców, codziennie dokonujesz wielu wyborów. Pieczywo możesz kupić w jednej z kilku pobliskich piekarenek lub w większym sklepie sieciowym. Możesz wybrać teatr, do którego chcesz pójść w piątek, park, w którym chcesz spędzić sobotnie popołudnie, i atrakcje, które chcesz zapewnić dzieciom w niedzielę. Masz wybór absolutnie we wszystkim. Kiedy stanęłam w punkcie, w którym miałam wybrać szkołę dla dzieci, nie było to łatwym zadaniem. Przede wszystkim należy podjąć kluczową decyzję i wybrać pomiędzy szkołą publiczną, społeczną i prywatną. Do tego dochodzą szkoły integracyjne, sportowe albo katolickie. Możemy również sugerować się wyborem ze względu na zajęcia pozalekcyjne, bliskość basenu, dodatkowe godziny języków obcych czy nawet obecność jadłospisu wegetariańskiego w szkolnej stołówce.

– Nie mam pojęcia, którą szkołę wybrać – skarżyłam się mężowi jeszcze przed przeprowadzką.

– Może najpierw się przenieście, a później poszukasz szkoły?

– Będę w Warszawie sama z dziećmi, od szkoły uzależnię dzielnicę i osiedle, na którym będę szukała mieszkania do wynajęcia.

Nie dam rady wozić dzieci na drugi koniec miasta. Szkoła jest więc priorytetem – tłumaczyłam mu.

– Co jest dla ciebie najważniejsze przy wyborze szkoły?

To było bardzo trafne pytanie. Nie uzależniałam wyboru szkoły od lokalizacji mieszkania, ponieważ jeszcze nie mieliśmy gdzie mieszkać. Nie zależało mi też na dodatkowych godzinach językowych. Chciałam, by dzieci poznały taką szkołę, w jakiej ja się uczyłam. Ze wszystkimi pozytywnymi i negatywnymi aspektami. Zdecydowaliśmy, że pójdą do placówki państwowej, że zamieszkamy na pobliskim osiedlu, aby po zajęciach mogły spotykać się ze szkolnymi kolegami i koleżankami. By mogły pobiec na szkolne boisko, kiedy tylko będą miały na to ochotę. By mogły chodzić na lekcje samodzielnie, a po drodze wejść do piekarni i kupić sobie polską chałkę czy drożdżówkę. Chciałam, by poznały Polskę, o której tyle słyszały przez ostatnie lata swojego życia. Często opowiadałam im o moim dzieciństwie:

– ...i zawsze po szkole rzucaliśmy plecaki na trawnik i biegliśmy na boisko.

– A boisko nie było zamknięte?

– Czasami tak, wtedy trzeba było znaleźć dziurę w płocie i przejść albo przeskoczyć przez siatkę. To nie stanowiło problemu.

– Wow! Ale fajnie mieliście. A co robiliście na tym boisku?

– Można było oczywiście grać w piłkę, ale to najczęściej robili chłopcy. Dziewczynki skakały na skakance, grały w gumę albo szukały skarbów. Czasami razem bawiliśmy się w chowanego czy inne zabawy. Nigdy się nie nudziliśmy.

– Wow! A do szkoły chodziliście zawsze bez rodziców? Sami?

– Nigdy nie chodziliśmy sami, ale zawsze bez rodziców. – Zaśmiałam się.

– Jak to?

– Zawsze, kiedy szło się do szkoły, dzwoniło się domofonem po kolegę albo jeśli w bloku nie było domofonu, krzyczało się pod oknem.

– Ale jak krzyczało?

– O tak: Ma-te-usz! Na trzy-cztery, Ma-te-usz! I Mateusz słyszał i schodził na dół. Często też mieliśmy wyznaczone punkty, gdzie spotykaliśmy się ze znajomymi, i szliśmy całą grupą. W śniegu, w deszczu, po lodzie... Różnie było. Ale jakoś to nikomu nie przeszkadzało.

– Wow!

– Co was tak zachwyca? Ja wtedy mogłam tylko pomarzyć o mieszkaniu na gorącej wyspie otoczonej wodami Morza Śródziemnego, wśród palm, w wiecznym słońcu.

– Ale to wszystko nie jest tak fajne jak twoje dzieciństwo. I w deszczu i śniegu szliście do szkoły? Całą grupą? Opowiedz raz jeszcze, jak to było z tym spotykaniem po drodze znajomych!

Moje opowieści nie miały końca, a dzieciaki mogły ich słuchać godzinami. Siedziały pod palmą z widokiem na błękit morza, w temperaturze, która zawsze była letnia. Siedziały i marzyły o tym, by w śniegu iść pieszo do szkoły, by przez dziurę w płocie wejść na szkolne boisko, by wraz z kolegami iść na stołówkę szkolną i robić te wszystkie rzeczy, które były zupełnie naturalne dla polskich dzieci, a dla nich wciąż pozostawały magiczne.

– Wybrałam szkołę! – oznajmiłam Sebastianowi z triumfem w głosie.

Ależ byłam z siebie dumna.

– Cudownie, gdzie?

– Na Woli, pójdą do państwowej szkoły przy ulicy Grabowskiej. Znajdę mieszkanie na osiedlu obok, będą chodziły do szkoły z kolegami i koleżankami, po lekcjach bawiły się na boisku, w czasie zajęć jadały wegetariańskie obiady na stołówce.

– Widzę, że masz już wszystko zaplanowane. I tę stołówkę też już sprawdziłaś?

– Oczywiście, że tak – odpowiedziałam z dumą.

– Ja tylko się zastanawiam, czy stołówka szkolna spełni ich wymagania. Czy będzie im tak jak kuchnia mamusi serwować ich ulubione dania – skomentował złośliwie.

– Na pewno nie będzie – odpowiedziałam, udając, że nie słyszałam całej uszczypliwości. – Ale myślę, że będzie to dla nich ciekawe doświadczenie, by spróbować innej kuchni niż tylko ta od mamusi – dodałam.

I miałam rację. Stołówka była bardzo ciekawym doświadczeniem, szczególnie dwudaniowy obiad, który w Polsce zawsze jest dość przewidywalny.

– Jak tam dziś obiad?

– Znowu była zupa – odpowiedział zrezygnowany Ksawery.

– To chyba normalne, że była zupa.

– Normalne? Kilka dni z rzędu zupa?

– No tak się jada w Polsce. Na pierwsze danie zawsze jest zupa, ale przecież nie jest codziennie taka sama.

– Każdego dnia jest taka sama – wtrąciła się Krysia.

– Tak? Poważnie? – zapytałam, choć doskonale wiedziałam, że nie jest to prawdą, ponieważ każdego dnia dostawałam wiadomość na temat szkolnego obiadu.

– Poważnie.

– A jaka?

– Przyprawowa – odpowiedziała z powagą Krysia. – Tylko nabiera innych kolorów, ale zawsze jest przyprawowa – dodała.

Ledwie powstrzymałam się od śmiechu. Nie jest łatwo rozmawiać z dziećmi i zawsze utrzymać powagę.

– A na drugie danie też prawie zawsze jest to samo – przekonywał mnie Ksawery.

– A co mianowicie?

– Ziemniaki.

– Same?

– Nie, nie same. Czasami z kotlecikiem, a czasami z rybką. Ale ziemniaki są zawsze.

– Coś w tym musi być – odpowiedziałam. – Ja też pamiętam takie obiady z dzieciństwa. Ale zjedliście dziś wszystko?

– Tak i deser też. Na deser był kisiel.

– Kisiel? To jest dopiero smak polskiego dzieciństwa. Jedliście kisiel? Poważnie? A o jakim smaku?

– Czerwonym – odpowiedziała Krysia i popatrzyła na brata, jakby szukała potwierdzenia.

– No, czerwony był, a smak miał słodki.

– A pani w kuchni powiedziała, że w piątek będzie budyń. Koniecznie w piątek musimy iść do szkoły – dodała pospiesznie Krysia.

Piątki zyskały miano ulubionych dni w oczach Krysi. I wszystko za sprawą stołówki szkolnej. To tego dnia właśnie kuchnia serwowała ulubione dania. Pamiętam, kiedy w pewien czwartek odebrałam telefon z Krakowa:

– Dzień dobry, pani Martyno, radio RMF Classic z tej strony. Czy możemy się spotkać jutro wieczorem na kopcu Kościuszki?

– Tak, oczywiście – odpowiedziałam.

Sprawdziłam szybko połączenie z Warszawy do Krakowa i pełna entuzjazmu zapytałam dzieci:

– Kto jedzie ze mną jutro do Krakowa? Kto chce zobaczyć, jak podróżuje się pendolino? Kto chce odwiedzić Smoka Wawelskiego i kopiec Kościuszki?

– Ja!!! – krzyknął Ksawery i od razu zaczął pakować plecak.

– A ja nie wiem – odpowiedziała Krysia z typową kobiecą niepewnością w głosie.

Nie mogłam uwierzyć. Uwielbiała podróżować, kochała Kraków, ale nie chciała z nami pojechać.

– O co chodzi, Krysiu?

– A jaki jest jutro dzień tygodnia?

– Jutro jest piątek.

– To ja wolę zostać w Warszawie.

– Sama?

– Mogę sama, a mogę zadzwonić do cioci Ilonki. Na pewno ze mną zostanie, może też pójdzie ze mną na lody? – odpowiedziała.

– Krysiu, zimą w Polsce nie jadamy lodów. Powiedz mi: dlaczego chcesz zostać?

– Sama powiedziałaś, że jutro jest piątek. A w piątek jest zawsze zupka pomidorowa, rybka z ziemniaczkami na drugie danie, a na deser budyń albo ciasto piaskowe. Muszę być w szkole.

Bardzo się ucieszyłam, że Krysia nie chce opuścić dnia w szkole, ale chyba wolałabym, aby miała inne priorytety. Tak to już jednak jest, że rodzice nie do końca rozumieją system wartości swoich dzieci.

– Ale Krysiu, jeśli ci na tym tak bardzo zależy, to zjemy rybkę w Krakowie i ciasto pewnie też się znajdzie.

– Nie, dziękuję, wolę to ze stołówki.

Każdy ma prawo do swojego zdania. Sytuacja ta jednak utwierdziła mnie w przekonaniu, że dokonałam odpowiedniego wyboru, jeśli chodzi o szkołę.

Nie tylko stołówka była ulubionym miejscem Krysi. Stała się nim również świetlica. Zawsze kiedy odbierałam stamtąd córkę, przychodziła ze smutną miną, mówiąc:

– Znowu za wcześnie przyszłaś.

– Krysiu, ale już kilka godzin siedziałaś na świetlicy, czas iść do domku.

– Ale ja się tak fajnie bawiłam z dziećmi, a teraz będą się bawić beze mnie.

W bardzo ciekawy sposób organizowany był system zajęć pozalekcyjnych, które rozpoczynały się w godzinach pracy świetlicy. Nauczyciele przychodzili po dzieci i zabierali je ze sobą na zajęcia dodatkowe. I tak można było w czasie godzin świetlicowych uczestniczyć w zajęciach z języka angielskiego, w kółku plastycznym lub w zajęciach ruchowych, atletycznych czy tanecznych. Była to bardzo wygodna sprawa, ponieważ oszczędzała dzieciom i rodzicom wiele czasu. Gdybym musiała przyjść do szkoły, by odebrać Krysię, zaprowadzić ją na zajęcia dodatkowe, później z tych zajęć przyprowadzić i jeszcze zastanawiać się, co ze sobą począć w tak zwanym międzyczasie, sprawa nie byłaby łatwa. Dzięki temu rozwiązaniu dziecko wracające ze szkoły nierzadko było już po zajęciach dodatkowych.

Ksawery inaczej traktował świetlicę.

– Nie będę chodził na świetlicę, ponieważ nie ma tam dzieci z klasy czwartej. Są tam tylko młodsze. I się tam nudzę – powiedział już w pierwszym tygodniu nauki.

– A gdzie są starsze dzieci? – zapytałam zdziwiona.

– Idą same do domu.

– Same? Wracają do pustego domu, jeśli rodzice są w pracy? – Nie mogłam uwierzyć.

– Tak i ja też chcę wracać.

Wybierając państwową szkołę osiedlową, liczyłam się z tym, że Ksawery będzie sam wracał z lekcji. W sumie to nawet bardzo mi na tym zależało, by chodził z kolegami, miał więcej swobody, uczył się samodzielności. Kiedy jednak stanęłam z tą sytuacją oko w oko, sprawa nabrała innych kolorów. Było to dla nas dużym wyzwaniem. Myślę, że wbrew pozorom dla mnie większym niż dla mojego syna. Tak to już jest, że to rodzice muszą dorosnąć do pewnych spraw, a nie dzieci.

– A czy ciebie mama prowadzała do szkoły w czwartej klasie? – zapytał Sebastian, któremu relacjonowałam całą sprawę.

– Oczywiście, że nie. Zawsze wracaliśmy sami.

– Więc weź głęboki oddech i wyluzuj. Chciałaś, by dzieci spróbowały takiego samego życia, jakie my mieliśmy, to teraz daj im na to szansę.

Nie miałam wyjścia, dałam im nie tylko szansę, ale i klucz na szyję. Na takiej samej smyczy, na jakiej nasze pokolenie nosiło klucze od domu. Ksawery wracał, kiedy chciał. Często zostawał z kolegami na boisku. Grał w piłkę, spacerował po osiedlu, szedł do pobliskich sklepów, odwiedzał bibliotekę. A ja nie panikowałam (przynajmniej starałam się tego nie robić). Nie dzwoniłam do niego, ponieważ nie miał telefonu komórkowego.

Chciałam, by miał beztroskie dzieciństwo, by nie musiał opowiadać mi, dokąd idzie i co robi. Wierzyłam w jego samodzielność, choć nie było to dla mnie łatwe. Ale wiele radości dawało mi słuchanie jego opowieści o tym, jak podczas powrotu ze szkoły zatrzymał się przy parkingu, by zobaczyć fajny samochód, jak odprowadził kolegę, jak poszedł oddać zeszyt koleżance, jak przeskakiwał przez metalową siatkę po piłkę i obtarł sobie nogę. Często wracał późno, bo tyle fascynujących spraw miał do załatwienia po drodze. Spraw typowych dla dziewięciolatka. Opowiadał mi później o kolegach, z którymi umawiał się na rogu ulicy, by iść razem do szkoły, o tym, jak naprawiali koledze łańcuch rowerowy, czy o tym, jak szli wszyscy solidarnie pieszo, kiedy ktoś złapał gumę w swoim rowerze. Był taki szczęśliwy, wolny, ciekawy świata, z mnóstwem pomysłów w głowie, przygód, doświadczeń, zabawnych historii. Jak każdy z nas w tym wieku.

Dzięki osiedlowej szkole dzieci dowiedziały się, jak to jest iść na lekcje w deszczu i mrozie, jak to jest wracać w grupie, spędzać wieczory na boisku i przeskakiwać przez płot, kiedy zajdzie taka potrzeba.

Tak niewiele się zmieniło przez te wszystkie lata. Na przekór całej nowej technologii, na przekór temu pędowi. Tak niewiele.

Rozdział 8

Olimpiada z języka angielskiego

Już pierwszego dnia szkoły uświadomiłam sobie, że polski podział na klasy jeden–trzy oraz cztery–osiem funkcjonuje w sztywnych ramach do dzisiaj. Krysia, która chodziła do drugiej klasy, prowadzona była za rękę – w dokładnym tego słowa znaczeniu. Pamiętam, jak pierwszego dnia szkoły zadzwoniła do mnie wychowawczyni mojej córki.

– Witam serdecznie, mam na imię Ewelina, jestem wychowawczynią klasy drugiej D. Jutro pierwszy dzień w szkole Krysi. Cała klasa jedzie na wycieczkę szkolną, córka nie musi więc przynosić książek i zeszytów. Proszę przygotować jeden mały plecak z wodą i kanapkę na drugie śniadanie. Dzieci zapewniony będą miały również lunch. Jeśli chodzi o kolejne dni, to ja Krysi odbiorę książki z biblioteki, proszę tylko zakupić zeszyty. Niech to będzie pięć zeszytów w trzy linie i trzy zeszyty w kratkę.

Wyjęłam kartkę i zaczęłam notować, a wychowawczyni ciągnęła dalej:

– Proszę, by Krysia miała piórnik z wyposażeniem, koniecznie dwa ołówki. Być może trzeba będzie zakupić dodatkowe książki do ortografii i religii, ale się upewnię, może akurat zostały jakieś wolne w szkole. Strój na WF, czyli koszulka i getry, i oczywiście buty sportowe. Strój na basen, jeździmy w czwartki, koniecznie czepek, klapki i okulary. Rano proszę być dziesięć minut przed dzwonkiem. Ja odbieram dzieci z szatni, gdzie zostawiamy buty i kurtkę. Proszę od razu wypożyczyć lekturę *Asiunia*, będziemy ją omawiać niebawem. Krysia może zacząć już ją czytać. Czy dziecko jest na coś uczulone? Koniecznie proszę to zaznaczyć. Już przygotowałam dokumenty do podpisu: uczulenia, zgody na publikację zdjęć, fluoryzację zębów i inne. Przekażę jutro wszystko Krysi… Proszę pamiętać, by dziecko zawsze miało wodę do picia i chusteczki, szczególnie teraz, w okresie jesiennym. Na plastykę potrzebne będą farby, blok, bibuła, ale to będę informowała na bieżąco. Mamy też kółko plastyczne, może Krysia by dołączyła do dziewczynek? Będzie nam miło. Czy Krysia zna język polski?

– Tak, mówi płynnie.

– Świetnie, mamy bardzo miłą klasę i z całą pewnością Krysia będzie się dobrze z nami czuła. Proszę dać mi też znać, jak już zapisze pani Krysię na świetlicę i stołówkę, żebym o tym wiedziała. Czy ma pani jakieś pytania?

Przy tak zorganizowanej wychowawczyni nie było miejsca na niedopowiedzenia czy nawet jakiekolwiek pytania. Zanotowałam to, co zdążyłam, resztę obiecałam sobie zapamiętać.

I tak wyglądał cały nasz rok w klasie drugiej. Pani Ewelina prowadziła za jedną rękę Krysię na obiad, na świetlicę, na basen, a mnie za drugą rękę przez cały system szkolnictwa polskiego. Przypominała o zebraniach rodzicielskich, składkach, dniach wolnych od szkoły. Kupowała dziecku bilet na tramwaj, kiedy ja o tym zapomniałam (tak, tak, nie byłam idealnie zorganizowaną mamą). Uświadamiała, jak ubrać Krysię na wycieczkę, a jak na zakończenie roku szkolnego. W sumie to sama nie wiem, czy bardziej prowadziła za rękę mnie, czy Krysię.

Jeśli chodzi o klasę czwartą Ksawerego, sprawa diametralnie się różniła. Klasa czwarta to dorośli ludzie, którzy muszą sami się ze wszystkim zorganizować. Tu dzieci są już traktowane zupełnie inaczej. Są samodzielne, rzadko kiedy korzystają ze świetlicy, muszą pamiętać, by pójść o danej godzinie na stołówkę. W klasie czwartej jest wielu nauczycieli, każdy uczy innego przedmiotu, każde zajęcia odbywają się w innej sali. Tu dziecko nie jest prowadzone już za rękę, musi się samo o siebie zatroszczyć. Pamiętam pierwszy dzień Ksawerego. Od rana biegaliśmy między sekretariatem a biblioteką, gdzie należało odebrać podręczniki (polska szkoła gwarantuje dzieciom podręczniki i ćwiczenia do wszystkich przedmiotów). Kiedy już zorganizowaliśmy kilka kilogramów książek, udaliśmy się ponownie pod drzwi sekretariatu, by sprawdzić, gdzie teraz zajęcia ma klasa czwarta A. Okazało się, że pierwsze dwie godziny to język angielski. Spojrzałam na Ksawerego. Stał lekko przestraszony, z całą pewnością zdziwiony naszą bieganiną po długich korytarzach polskiej szkoły.

– Wszystko w porządku? – zapytałam zatroskana.

– Tak, okej.

– Nie masz czego się obawiać. Zobacz, pierwszy jest język angielski. Twój ulubiony przedmiot i drugi przedmiot to…

– *PE*[*]? – zapytał z nadzieją w głosie.

– Nie, jeszcze jeden język angielski. Wspaniale, prawda? Będziesz się czuł jak na Malcie – próbowałam dodać mu otuchy.

---

[*] *PE* (ang.) – WF.

Zaprowadziłam go pod drzwi klasy, wręczyłam książki do języka angielskiego i powiedziałam:

– Resztę zabiorę do domu, by je podpisać i kupić na nie okładki. A ty idź, baw się cudnie, a po zajęciach opowiesz mi, jak było. Trzymam kciuki.

Złapałam klamkę i otworzyłam drzwi. W sali nastała cisza, wszystkie oczy natychmiast odwróciły się w naszym kierunku.

– Dzień dobry, jestem mamą Ksawerego, a to jest Ksawery. Jest nowym uczniem waszej klasy.

– Dzień dobry, Ksawery, siadaj, proszę – powiedziała nauczycielka i wskazała ręką wolne krzesło.

Ksawery wszedł niepewnie do klasy, a ja zamknęłam od razu za nim drzwi. I poczułam się jak pierwszego dnia, gdy zostawiłam go w maltańskim *childcare**, gdy miał dwa latka (czy wszystkie mamy tak mają?). Wiedziałam, że zrobiłam, co tylko mogłam, by ułatwić mu pierwszy dzień w polskiej szkole. Teraz musi już sam sobie poradzić. To jest ten moment w matczynym życiu, kiedy zaczynamy odcinać powoli (bardzo powoli) pępowinę, która nas łączy z naszym niespełna dziesięcioletnim „maleństwem". Mogłam tego dnia iść do domu, ale wolałam usiąść w kawiarni między domem a szkołą. Tak dla pewności, żeby być bliżej, gdyby coś się wydarzyło. W sumie to sama nie wiedziałam, co mogłoby się wydarzyć. Ale nie interesowało mnie to wtedy. Weszłam do kawiarni ze stosem książek.

– Espresso poproszę – złożyłam zamówienie, choć nigdy nie pijałam espresso.

---

* *Childcare* (ang.) – żłobek.

– Pojedyncze czy podwójne? – zapytała młoda dziewczyna stojąca za ladą.

W tej sekundzie poczułam cały ciężar świata na moich barkach. „A co, jeśli im się nie spodoba w szkole? Czy dam radę być dla nich mamą i tatą w jednym? Pocieszyć, przytulić, ale i krzyknąć, kiedy będzie taka potrzeba? A co, jeśli nie będę znała odpowiedzi na ich pytania? Jeśli nie będę potrafiła im pomóc lub najzwyczajniej zabraknie mi na to czasu? Doba ma tylko dwadzieścia cztery godziny" – myślałam gorączkowo.

– Espresso, pytałam, czy pojedyncze – przypomniała się młoda dziewczyna.

– Podwójne poproszę, jeśli nie macie potrójnego – odpowiedziałam uprzejmej baristce, a ona spojrzała na mnie lekko zdziwiona.

– Bardzo proszę. Czyżby czekała panią długa noc? – zapytała. – Widzę książki do historii, ciężki temat – dodała.

Popatrzyłam na okładkę podręcznika do historii, uśmiechnęłam się serdecznie i usiadłam do stolika.

– „Panią"? – zapytałam samą siebie.

Już dawno zapomniałam, jak to jest w Polsce, kiedy wszyscy mówią do siebie „pan", „pani", nawet w kawiarni. Dziwne uczucie.

Wykonałam parę telefonów, zanotowałam kilka szczegółów, wypiłam kawę. Nie miałam dużo czasu na delektowanie się moim espresso, ponieważ musiałam iść odebrać Krysię, która wracała z wycieczki. Zebrałam więc stos książek i udałam się ponownie pod szkołę. W duszy zadawałam sobie pytanie, dlaczego obrałam kierunek kawiarni, a nie domu, gdzie spokojnie mogłam przecież zostawić ten cały ciężar. Może nadgorliwe mamy tak mają? A może te spanikowane? Albo te nie do końca zorganizowane?

Tu urwałam swój wywód. Za późno było na tego typu rozmyślania. Krysia właśnie wróciła z wycieczki. Autobus przyjechał punktualnie. Wszystkie dzieci wyskoczyły z niego brudne, szczęśliwe i uśmiechnięte. Czyli takie, jak powinny wyglądać po całym dniu spędzonym na farmie.

– Jak tam pierwszy dzień w szkole? – zapytałam. – Jak koleżanki i koledzy?

– Dobrze. Ty wiesz, ilu tam było Polaków? – odpowiedziała Krysia bardzo poważnym głosem, a jej oczy zrobiły się przy tym olbrzymie.

– Polaków? – zapytałam, aby się upewnić, że dobrze ją zrozumiałam.

– Tak, Polaków mówiących po polsku. Cała klasa, no prawie cała klasa, bo dwie osoby mówiły chyba po rosyjsku. Ale reszta… nie uwierzyłabyś. Pani Ewelinka też mówiła po polsku – oznajmiła z zachwytem.

No tak, nigdy wcześniej się nad tym nie zastanawiałam. Krysia pierwszy raz w życiu znalazła się w polskiej klasie. Pierwszy raz jest w szkole, gdzie dzieci nie mówią różnymi językami, a nauczycielka mówi po polsku. To musiało być dla niej niesamowite doświadczenie.

Dwie godziny później zajęcia skończył Ksawery. Wrócił z dziwną miną.

– Jak tam twój pierwszy dzień? – zapytałam niepewnie.

– Strasznie – odpowiedział.

– Ale co? Cały dzień strasznie?

– Nie, cały dzień okej, ale angielski strasznie.

– Angielski? Chyba żartujesz.

– Cały czas czytali tylko odmianę jednego czasownika. Cały czas.

– Ale co? Całą godzinę?

– Nie, całe dwie godziny. Tam się nic nie działo na tym angielskim. Siedziałem i nic nie robiłem, a oni cały czas tylko: *I am, you are, he is...*[*]

– No tak, na angielskim będzie ci łatwo, ale za to na polskim będzie ci trudniej, to się wyrówna.

– Nic się nie wyrówna. Nigdy więcej nie idę na język angielski.

– No co ty opowiadasz? – Ręce mi opadły do samej ziemi.

– Nie idę i już. Nie wytrzymam takiego nudzenia się – zapewnił mnie stanowczym tonem, chwycił leżącego na stole *Harry'ego Pottera* i zamknął się w pokoju obok.

Długo myślałam, co z tym zrobić. Wieczorem zadzwoniłam do Sebastiana, a on zasugerował, by zapytać nauczycielkę, czy Ksawery musi brać czynny udział w tych zajęciach. Nie dziwiło nas w ogóle to, że się na nich nudził. Na Malcie ukończył dwie klasy zerówki, cztery klasy szkoły podstawowej, przeczytał tysiące stron książek w języku angielskim, pisał wypracowania, myślał w tym języku. Trudno mu było zrozumieć fakt, że inne dzieci nie znają tego języka na jego poziomie.

– Jaką książkę teraz czyta Ksawery po angielsku? – zapytał Sebastian.

– *Harry Potter and the Deathly Hallows* – odpowiedziałam. – To już ostatnia część, tak mi się wydaje.

– Może niech pójdzie do nauczyciela i zapyta, czy może czytać sobie książkę gdzieś z tyłu klasy?

Pomysł wydawał się dość trafiony. Z jednej strony nie chcieliśmy, by Ksawery się nudził albo dzieci patrzyły na niego krzywo,

---

[*] *I am, you are, he is* (ang.) – ja jestem, ty jesteś, on jest (angielska odmiana czasownika „być").

bo na lekcjach angielskiego zna odpowiedzi na wszystkie pytania. Z drugiej – pytanie nauczyciela o zwolnienie dziecka z zajęć już drugiego dnia szkoły również nie wydawało się dobrym pomysłem. Zupełnie nie wiedziałam, co zrobić. Sytuacja się wkrótce wyjaśniła, ponieważ Ksawery zgłosił się sam do nauczycielki z pytaniem o możliwość czytania książki po angielsku w trakcie zajęć. Może słyszał naszą wieczorną rozmowę?

– I co odpowiedziała pani? – zapytałam po jego powrocie ze szkoły.

– Że nie mogę – odpowiedział smutnym głosem. – Powiedziała, że muszę uważać na lekcjach, a nie książki czytać. Nie idę więcej na angielski – dodał.

Postanowiłam podejść do tematu z innej strony.

– Wiesz, kochanie, a może chodziłbyś na angielski, by pomagać innym? Oni nigdy nie mieszkali na Malcie i nie znają języka tak dobrze, jak ty go znasz. Może to fajny pomysł, abyś ty pomagał im w angielskim, a oni tobie w polskim?

– Tak myślisz? – zainteresował się tematem, a mnie kamień spadł z serca. Kolejnego dnia miałam umówiony szereg spotkań w centrum Warszawy i poprosiłam dzieci, by po zajęciach poszły na świetlicę.

– Taaaak, na świetlicę! – zawołała Krysia, która uwielbiała spędzać tam czas.

– A musimy? – zapytał Ksawery, który nie lubił tam przesiadywać.

– Nie musicie, ale mnie nie będzie w domu, a na świetlicy może coś ciekawego się wydarzy – odpowiedziałam.

Tego dnia Ksawery zaskoczył mnie szerokim uśmiechem już w drodze powrotnej.

– Jak tam zajęcia? Jak świetlica? – zapytałam ostrożnie.

– Super.

– Super? Był angielski?

– Tak, był i pomogłem koledze z ćwiczeniem, bo nie rozumiał.

– Świetnie! – Ucieszyła mnie ta odpowiedź.

– To jest nic. Wiesz, co się wydarzyło na świetlicy?

– Nie wiem.

– To ci powiem.

– To mi powiedz.

– Przyszli chłopcy, starsi, tacy, wiesz, z szóstej czy siódmej klasy i zapytali mnie, czy to prawda, że dobrze znam angielski. Później pokazali mi swoją pracę domową i zapytali, czybym im nie pomógł z tymi ćwiczeniami – opowiadał z dumą w głosie.

– I co? Pomogłeś?

– Oczywiście, że pomogłem, i teraz mam kumpli w starszych klasach – przyznał, prostując plecy i lekko podnosząc głowę. – Oni też powiedzieli, że niedługo będzie olimpiada, w której mogę wziąć udział. Co to olimpiada?

No jasne! Olimpiada! Dlaczego ja wcześniej o tym nie pomyślałam? Jak mogłam zapomnieć o polskich olimpiadach? To może być rozwiązanie naszego problemu z językiem angielskim.

– Olimpiada to taki konkurs. Mogą wziąć w nim udział wszyscy. Taki konkurs z jakiegoś przedmiotu, z którego jesteś dobry.

– Jak na przykład język angielski? – zapytał.

– Tak, jak na przykład język angielski. Jeśli ktoś jest dobry z języka angielskiego, to zgłasza się na taki konkurs.

– Myślisz, że mógłbym wystartować?

– Uważam, że to świetna myśl. Z całą pewnością mógłbyś wystartować – odpowiedziałam, akcentując, że to był jego pomysł.

Zawsze staram się o tym pamiętać. Nic tak nie cieszy jak realizacja własnych pomysłów.

I tak rozpoczęliśmy etap przygotowań do olimpiady. Angielski przestał być nudny, stał się kolejnym wyzwaniem. A nie ma nic lepszego dla dziesięcioletniego chłopca niż udowodnienie (głównie przed samym sobą) własnej wartości, poczucie rywalizacji i cel, do którego można dążyć.

Rozdział 9

(Nie)doskonała Matka Polka

Poniedziałek

– Mamo, gdzie są moje skarpetki? Te kolorowe, w koniki! Mamo, jesteś tam? – Krzyk Krysi próbował przedrzeć się przez moje myśli i szum wody, która lała się pod prysznicem. „Może jeśli nie odpowiem, dadzą mi spokój? Może skarpety same się znajdą?" – pomyślałam optymistycznie i zamknęłam na chwilę oczy, a ciepły strumień spływał po mojej twarzy.

– Mamo? Nie widziałaś mojej książki do historii? Potrzebuję jej, na pewno ją widziałaś.

– Ja byłam pierwsza. Skarpetki, moje skarpetki.

Wiedziałam, że moje planowane cztery minuty samotności właśnie się ograniczyły do dwóch minut. Zakręciłam wodę, wzięłam głęboki oddech, chwyciłam wiszący obok ręcznik i otworzyłam drzwi.

– Skarpetki widziałam na twojej poduszce, może spadły za łóżko, sprawdź. A książka do historii jest na stoliku nocnym, przecież wczoraj wieczorem ją czytałeś.

– Są skarpetki! Są!

Udałam się w kierunku kuchni, by przygotować śniadanie.

– Nie chcę jeść pomidora! – krzyknęła Krysia, jakby wiedziała, że moje spojrzenie zatrzymało się właśnie na czerwonym pomidorze.

– Może coś ciepłego na śniadanko? – zasugerował Ksawery.

Zrobiłam owsiankę, bez pomidora i na ciepło. Otworzyłam chlebak. Pieczywa brak. „Muszę iść po pieczywo, by zrobić kanapki do szkoły" – pomyślałam. Nałożyłam do misek gorącą owsiankę, zrzuciłam ręcznik, włożyłam dres i buty, wyjrzałam przez okno. Lało. Powinnam kupić parasolkę. Ciągle mi czegoś brakuje.

Spojrzałam w lustro. Włosy wciąż mokre. Przez trzy sekundy biłam się z myślami, czy wysuszyć włosy przed wyjściem. Nie powinno się przecież w Polsce wychodzić na zewnątrz z mokrymi włosami. Jeszcze raz zerknęłam za okno, ponownie w lustro. „No nic, przecież i tak nie mam parasola. Na jedno wyjdzie".

Wybiegłam z domu. Po dwóch minutach byłam już w piekarence (to kocham w Warszawie najbardziej). Zapach gorących bułek, drożdżówek, pączków łączył się z aromatem świeżo mielonej kawy. Dziewczyna przede mną poprosiła o americano i kanapkę. Nabrałam ochoty na zdublowanie jej zamówienia, ale ja nie miałam jeszcze makijażu i wysokich obcasów. No i przecież owsianka czekała. Maluchy pewnie gotowe siedziały przy stole. Dziewczyna trzymała już w jednym ręku gorącą, pyszną kawę, w drugim kanapkę. Miała perfekcyjnie ułożone włosy. „Pewnie wzięła parasol" – domyśliłam się. Wyglądała idealnie. O której trzeba wstać, by wyglądać tak o siódmej rano w piekarni?

Moja kolej. Poprosiłam o cztery bułki, chleb żytni na zakwasie, zerknęłam na maszynę z kawą, ale się powstrzymałam przed zamówieniem. Chwyciłam zakupy i wybiegłam z piekarni. Zapach świeżutkiego pieczywa ciągnął się za mną aż do klatki schodowej. Nawet deszcz nie potrafił go zmyć. Stanęłam przed windą. Kilkakrotnie nacisnęłam przycisk. Zerknęłam na zegarek. Maluchy pewnie już były gotowe. Postanowiłam iść jednak schodami. Wbiegałam co drugi stopień. Zapach piekarni został na parterze. Szkoda. Miło mi było w jego towarzystwie. Otworzyłam drzwi, rzuciłam pieczywo na stół. Maluchy nadal niegotowe.

– Gdzie moja szczotka do włosów? Na pewno jej dotykałeś!

– Nie dotykałem! Mamo, powiedz jej coś! Ja nie dotykałem!

Jedną ręką podawałam Krysi szczotkę leżącą na pralce, drugą już kroiłam bułki na drugie śniadanie, a trzecią suszyłam sobie włosy.

– Plecaki! Zapakowane plecaki? Ksawery, pamiętaj, że dziś WF, spakowałeś strój na przebranie? Jak to: gdzie jest? W szafce jest. Krysia, masz dziś kółko plastyczne. Plastelinę zapakowałaś? Kurtki z kapturem naszykujcie. Krysia nie ma? No tak, nie ma. Ksawery, pożycz Krysi jedną kurtkę, masz dwie. Wiem, że ona ci nigdy nic nie pożycza. Ale ty jej pożycz – krzyczałam z łazienki podczas robienia makijażu.

Wymieniłam dres na sukienkę. Wyszliśmy.

– Mam dziś dwa spotkania, ale odbiorę was ze szkoły. Tak, pamiętam, szachy dziś i później cheerleaderki.

Laptop, książki dla słuchaczy, telefon, klucze, portfel, pomadka, plecaki, buty na zmianę. Wyszliśmy.

– No mówiłam wam, że pada, dlatego prosiłam o kurtki z kapturem. Dobrze, weźmy samochód.

Wróciliśmy do hali garażowej. Gdzie jest pilot od bramy? Jeszcze wczoraj tu był. Dobrze, znalazł się.

Chwila na zastanowienie, z której strony znajduje się kierownica w tym samochodzie. Pojechaliśmy. To znaczy wyjechaliśmy z hali garażowej i utknęliśmy w korku. Na szczęście tylko na chwilę.

– Mamusiu, włącz radio Margherita – zaproponowała Krysia.

– Tu nie działa radio Margherita, jesteśmy w Polsce.

– Działa, na pewno działa, daj na sto siedem i pięć.

– Nie jesteśmy w stanie odbierać stacji radiowych z Włoch, kochanie.

– Na pewno będzie działało, mówię ci – upierała się.

Nie miałam siły na poszukiwanie argumentów, nastawiłam na 107,5. Z radia dochodziły trzaski i szumy.

– Nie ma radia Margherita? – usłyszałam zdziwione głosy.

Z trzeszczącym radiem dojechaliśmy pod szkołę.

– *¡Besos!** – krzyknęłam.

Wrócili, by dać mi buziaki.

– Pewnie gdyby byli starsi, udaliby, że nie słyszą – powiedziałam sama do siebie.

Machnęłam ręką. Ktoś już poganiał mnie klaksonem.

– *¡Adiós, hasta luego!*** – usłyszałam jeszcze głos Krysi. – *¡Te quiero!****

Podjechałam na parking Polskiego Radia. Pan zapytał o nazwisko i numer rejestracyjny samochodu. Nazwisko podyktowałam, numer rejestracyjny zmyśliłam. Muszę się nauczyć numeru rejestracyjnego swojego samochodu. Szlaban się otworzył.

---

* *¡Besos!* (hiszp.) – buziaki.

** *¡Adiós, hasta luego!* (hiszp.) – Do widzenia, do zobaczenia później!

*** *¡Te quiero!* (hiszp.) – kocham cię.

Wjechałam i przemknęłam między innymi autami niczym ninja. Nagranie audycji trwało trzydzieści minut, podpisałam książki dla słuchaczy, zerknęłam na zegarek. Spieszyłam się na drugie spotkanie. Chętnie zbiegłabym po olbrzymich schodach, ale sukienka i obcasy mocno ograniczały mi ruchy. Zeszłam więc żółwim tempem.

Po piętnastu minutach zatrzymałam się pod kawiarnią, w której miałam spotkanie z dziennikarzem z gazety. To jeszcze chwila. Zamówiłam kawę i usiadłam w wygodnym fotelu. Pikowanym. Jak tu przyjemnie. Uśmiechnięta kelnerka przyniosła mi aromatyczną kawę i croissanta. To lubię.

– Ale się pani stolik trafił, z takim widokiem, no, no – powiedział do mnie i wskazał na okno.

Podniosłam głowę znad komputera. Nie zauważyłam wcześniej tego widoku. Nieśmiałe promienie słoneczne odbijały się od szklanych wieżowców. Ludzie biegnący na tramwaj. W oddali Pałac Kultury i Nauki, symbol Warszawy. Jakże miła odmiana po maltańskim wszechobecnym piaskowcu.

– Piękny – odpowiedziałam z lekkim zamyśleniem. – I deszcz przestał padać – dodałam. Tego też wcześniej nie zauważyłam.

Wzięłam łyk kawy, delektując się nim przez chwilę. Całe trzydzieści sekund.

– Dzień dobry, pani Martyna, prawda?

Podniosłam wzrok znad kubka. W pośpiechu zrobiłam jeszcze jeden łyk.

– Tak, zapraszam, czego się pan napije? – Uśmiechnęłam się serdecznie, wskazując krzesło stojące obok.

Nasze spotkanie trwało godzinę. Po nim ponownie zatopiłam się w ekranie komputera. Przepadłam na dwie, może trzy godziny.

Zerknęłam na zegarek. Musiałam wracać pod szkołę. Dopiłam ostatni łyk zimnej kawy i wybiegłam z kawiarni. Chwilę później odbierałam dzieci.

– Mamy przynieść na jutro kredki olejowe i zrobić zdjęcia ulubionych miejsc na Woli – oznajmił Ksawery.

– A ja mam przynieść farby plakatowe i ołówek z konikiem – stwierdziła Krysia.

– Ołówek z koniem? Jest obowiązkowy w szkole? – Trochę się zdziwiłam, ale może czasy się zmieniły.

– Nie jest obowiązkowy, ale Zosia taki ma i ja też chcę taki.

Pojechaliśmy więc do sklepu papierniczego, ogarnęliśmy szkolne zakupy i weszliśmy do domu. Spojrzałam na zegarek. Mieliśmy godzinę.

– Padam z głodu – zawołał Ksawery, zdejmując buty.

– Ja też.

– Jesteście głodni? Godzinę temu jedliście obiad w szkole. Dwudaniowy, z deserem.

– Nie godzinę, tylko dwie godziny temu – bronili się.

Włożyłam fartuch, wstawiłam wodę na makaron, obrałam warzywa. Rzuciłam okiem na zegarek. Trzydzieści minut.

– Umyjcie ręce i naszykujcie stół.

Jedną ręką nałożyłam makaron, drugą rozpakowałam zakupy.

– Podpiszcie farby i kredki imieniem i nazwiskiem. Pamiętajcie, że w Polsce nasze nazwisko pisze się przez „ł", Krysiu, czy umiesz napisać literkę „ł"? Pamiętasz, jak ona wygląda?

– Pamiętam, pamiętam, a imię przez „y" zamiast „i".

– Tak jest. Podpisane? Siadamy do jedzenia.

Kilkanaście minut później staliśmy już na przystanku tramwajowym. Tramwaj numer trzynaście.

– Macie Karty Warszawiaka? – Wiem, powinnam zapytać przed wyjściem z domu. – To dobrze, ja kupię dla siebie bilet, a wy już siadajcie.

Zajęcia szachowe trwały dziewięćdziesiąt minut, maluchy wytężały umysły, a ja miałam chwilę odpoczynku przy książce. „To najkrótsze dziewięćdziesiąt minut w tygodniu" – stwierdziłam, kiedy ponownie stanęliśmy na przystanku tramwajowym.

– Zostawimy Krysię w szkole, bo przecież ma trening cheerleaderek, i wracamy do domu – powiedziałam do Ksawerego.

– A zdjęcia?

– Jakie zdjęcia?

– Zdjęcia Woli, pamiętasz?

– No tak, moje najpiękniejsze miejsca na Woli.

Zostawiliśmy Krysię i zamiast wrócić do domu, ruszyliśmy z telefonem jako aparatem, by zrobić zdjęcia. Odwiedziliśmy park Szymanowskiego, park Sowińskiego, rondo Daszyńskiego (czy to wciąż Wola?), pączkarnię przy Jana Kazimierza.

– Musimy już wracać i odebrać Krysię.

Po pół godzinie byliśmy w domu. Padnięci. Kąpiel, kolacja, zrzuciliśmy zdjęcia z telefonu na komputer.

– Mamusiu, uprasujesz mi koszulkę na jutro? O, tę niebieską – poprosiła Krysia i pokazała.

Ostatkami sił sięgnęłam po żelazko, wyprasowałam koszulkę, przy okazji dwie piżamki i swoją sukienkę.

– Plecaki spakowane? Ubranie na jutro naszykowane? Jaka praca domowa? Z matematyki? Teraz? Dawaj tę pracę domową.

W ciągu kilku chwil przypomniałam sobie wszystko, co wiedziałam o dodawaniu ułamków, wspólnych mianownikach i skracaniu liczb.

– A książka? Poczytamy książkę? Poczytasz ze mną moją lekturę? – krzyczała Krysia spod kołdry.

Skończyliśmy temat ułamków, przeszliśmy do tematu lektur. Ksawery zamknął się w pokoju z książką w dłoni. Ja położyłam się obok Krysi. Otworzyłam *Calineczkę*.

– A w jakim wieku powinnam mieć chłopaka?

– Chłopaka? Krysiu, ty jeszcze nie masz ośmiu lat.

– Wiem, ale tu, w Polsce, dziewczynki mówią, że to już najwyższy czas.

Odbyłam więc z Krysią typowo damską rozmowę uświadamiającą, że chodzenie z chłopakiem ma swoje plusy i minusy, z akcentem na minusy oczywiście.

Zaczęłyśmy czytać lekturę. Krysia zasnęła. Ja prawie też. Ostatkami sił zeszłam z łóżka. Włożyłam piżamę i już miałam się położyć, kiedy dostrzegłam bałagan na stole i w kuchni. No nic. Ktoś to musi posprzątać. Rozejrzałam się wokół z nadzieją. Nie było nikogo obok. Zakasałam więc rękawy. O północy odpaliłam komputer, odpisałam na popołudniowe maile, włożyłam kredki olejne do plecaka Ksawerego. Padłam.

Wtorek
Godzina 6:00

Zadzwonił budzik. Otworzyłam jedno oko i spojrzałam na kalendarz. Nie miałam dziś spotkań, więc zapowiadał się spokojny dzień. Posprzątam w domu, zrobię pranie, poprasuję, może nawet upiekę pizzę? Maluchy uwielbiają pizzę. Wyskoczyłam z łóżka we wspaniałym nastroju. Dres, piekarnia, kanapki do śniadaniówek gotowe. Obudziłam maluchy. Zjedliśmy śniadanie, poszliśmy do szkoły.

– Zimno dziś, musimy chyba sobie kupić już rękawiczki – stwierdziła Krysia i z całą pewnością miała rację.

Wróciłam do domu, wstawiłam pralkę. Akurat nastawiałam wodę na kawę, kiedy zadzwonił telefon. To dystrybutor, prosił o dostarczenie książek. Pojechałam. Po drodze rozwiązałam temat z księgowym i kupiłam warzywa na obiad. Odebrałam dzieci, pojechaliśmy do sklepu. Kupiliśmy czapki, rękawiczki, szaliki, cieplejsze buty. Wróciliśmy do domu. Zapomnieliśmy kupić parasola.

Środa

Zadzwonił budzik. Wstaliśmy, dalej ubieranie, piekarnia, prysznic, śniadanie, kanapki do szkoły.

– Zapomniałem zrobić pracę domową z angielskiego – powiedział Ksawery i wyjął z plecaka książki.

Nawet tego nie skomentowałam, dalej prasując Krysi sukienkę.

– Ej, to moja linijka! – usłyszałam z pokoju.

Brak reakcji.

– Oddaj!

Płacz. Musiałam zareagować, bobym nie wytrzymała.

– Nie mamy teraz czasu na kłótnie. Krysia, ubieraj się, Ksawery, kończ pracę domową! – krzyknęłam.

Odkąd nie było z nami Sebastiana, musiałam przejąć rolę ojca. Czasami mi to nawet wychodziło.

Udaliśmy się do szkoły, maluchy nadąsane. Przez tę linijkę. Zmieniłam więc rolę z ojca na matkę i próbowałam poprawić wszystkim nastroje.

– *¡Besos! ¡Adiós!*

I zniknęli za murami szkoły.

Zerknęłam na telefon – trzy połączenia nieodebrane. O ósmej rano? Oddzwoniłam. Wpadłam do domu, jedną ręką włączyłam komputer, drugą sprzątnęłam po śniadaniu. Zaparzyłam kawę. Popatrzyłam znowu na telefon. Przypomnienie – pora zrobić przegląd w samochodzie. Przegląd? Kiedy ja ostatni raz robiłam przegląd w samochodzie? Chyba przed ślubem. Zadzwoniłam do taty, by mi przypomniał, o co chodzi z tym przeglądem.

– A opony na zimowe przy okazji wymienisz?

– Opony na zimowe? – zdziwiłam się. – O rany! Zapomniałam o nich.

– Jak to: zapomniałaś?

– Na Malcie nie mamy opon zimowych.

– Nie macie? – zdziwił się jeszcze bardziej niż ja.

– Czy jest jeszcze coś, co mnie zaskoczy? – zapytałam z nadzieją, że odpowiedź będzie przecząca.

– No mam nadzieję, że płyn wymieniłaś w aucie, bo już przecież w nocy jest mróz.

– Płyn? W aucie?

Zrezygnowana opadłam na sofę. Kupiłam czapki, szaliki, kredki olejne i farby plakatowe, o płynie zimowym nie pomyślałam.

– A jaki płyn?

– Jak to: jaki? Płyn do szyb. Zimowy musisz mieć.

– Zimowy – powtórzyłam po nim niczym echo. – Rozumiem – skłamałam.

Odłożyłam komórkę. Poszukałam w dokumentach daty przeglądu, informacji o oponach, bo przecież mają jakiś rozmiar, wielkość czy coś… Zadzwonił telefon. Odebrałam.

– Cześć, kochanie, właśnie mam przerwę na lunch. Co u ciebie? Jak sobie radzisz?

Przecież nie mogłam powiedzieć, że sobie nie radzę. Matki Polki tak mają. Przewinęły mi się przez myśli: samochód, opony, skracanie ułamków i nocne rozmowy o randkach w wieku lat ośmiu. Ale postanowiłam to przemilczeć.

– U nas wszystko super.

– Masz ochotę zjeść ze mną lunch? To sobie razem porozmawiamy.

– Lunch? Która godzina?

– Pierwsza.

– Chętnie zjem z tobą lunch, opowiadaj, co u ciebie, a ja szybko zrobię sobie sałatkę.

Nie zdążyłam jej zjeść, kiedy w drzwiach stanął Ksawery.

– Na jutro będę potrzebował fletu drewnianego, bo muszę nauczyć się grać piosenkę, i muszę nadrobić tematy z przyrody.

– Z przyrody? To będzie łatwe – uspokoiłam go. – Jakie tematy? – zapytałam.

– Rozmnażanie.

– Słucham?

– Ciało ludzkie i rozmnażanie.

„Rozmnażanie w czwartej klasie?" – pomyślałam, próbując sobie przypomnieć, w której klasie my poznaliśmy tajniki tej wiedzy. Chyba też w czwartej.

No pięknie, stanęłam właśnie w punkcie, w którym musiałam uświadomić mojemu synowi, że dzieci nie przynosi bocian.

Musiałam też wytłumaczyć, na czym polega dojrzewanie u chłopców, i wyjaśnić kilka innych szczegółów. Wzięłam książkę, aby wiedzieć, w jakich ramach powinnam się zmieścić, by nie powiedzieć za dużo lub za mało.

Przejrzałam tematy i przygotowałam się mentalnie na tę rozmowę. Sprawdziłam godzinę. Czas iść po Krysię. Odłożyłam książkę. Pobiegłam po Krysię, po drodze zrobiłam zakupy i zdobyłam flet drewniany. Wróciłam do domu, obrałam ziemniaki, maluchy naszykowały stół do obiadu, a ja znowu się zdziwiłam, że wróciły takie głodne.

– Dostałam zaproszenie od koleżanki na urodziny. Będą w sali zabaw w sobotę.

– W sobotę? Ja też mam zaproszenie. Na imieniny, będą w pizzerii.

Zajrzałam do kalendarza. W sobotę miałam dwa spotkania.

Muszę się rozdwoić, a najlepiej roztroić. Jak sobie radzą rodzice samotnie wychowujący dzieci?

Po obiedzie usiadłam z Ksawerym do tematu rozmnażania. Szło mi z dużym trudem. Już nawet miałam pomysł, by to Sebastian wytłumaczył męską stronę tematu, ale stwierdziłam, że przez telefon to nie to samo. Spięłam się więc i kontynuowałam. Ksawery nie wyglądał na bardzo zdziwionego. Może mój tata miał rację, mówiąc, że dzieci w tym wieku już wszystko wiedzą?

Usiadłam z Krysią do lektury o drugiej wojnie światowej. Krysia zalewała się łzami. No tak, po maltańskich lekturach o kwiatkach i motylkach zagadnienie wojny było dla niej dużym wyzwaniem. Starałam się wytłumaczyć spokojnie i w przystępny sposób temat wojen. Odrobiliśmy z Ksawerym pracę domową, kąpiel, łóżko. One łóżko, ja nie. Ja usiadłam do komputera, wstawiłam zmywarkę, dziękując w duchu za ten wspaniały wynalazek. Nie naszykowały sobie ubrań na jutro. No tak, emocji było sporo dziś wieczorem. Przygotowałam im ubrania, wyprasowałam i czułam, że padam. Spojrzałam na zegarek. Już po północy. Dobrze, że jutro czwartek. W czwartki nie budzimy się rano. To jedyny dzień, kiedy dzieci idą do szkoły na popołudnie.

Czwartek

Budzik zadzwonił o ósmej. Obudziłam się piętnaście minut przed nim. I nagle olśnienie. Wycieczka szkolna!

– Krysiu, wstawaj, wycieczka szkolna! Jedziesz na wycieczkę! Autokar przyjeżdża za piętnaście minut! Zaspałyśmy! Zapomniałam o tej wycieczce!

Krysia się ubrała, zaplotłam jej w biegu warkocz, nie zdążyła zjeść śniadania. Spakowałam jej więc kanapki do plecaka i poprosiłam, by zjadła je w autokarze.

– W autokarze nie można jeść – pouczyła mnie.

„Za naszych czasów w autokarze można było wszystko" – pomyślałam, ale nie powiedziałam tego na głos. Czasy się zmieniły.

Wybiegłyśmy z domu.

– Wezmę rower – oznajmiła Krysia.

– To ja też. Wezmę rower Ksawerego i pojedziemy razem. Świetny pomysł.

– A kiedy ostatni raz jechałaś na rowerze? – zapytała Krysia niepewnym głosem.

– Jak byłam w twoim wieku, ale tego się nie zapomina.

– Lepiej będzie, jak ja sama pojadę – zapewniła.

– Ale ty nigdy nie jechałaś na rowerze sama do szkoły.

– Ty też nie – odpowiedziała dość racjonalnie.

– Może masz rację, jedź szybciutko. *¡Besos! ¡Adiós!* Krysiu, nie pędź tylko!

Właśnie zrozumiałam swoją przestrogę. Kazałam dziecku jechać szybciutko, ale nie pędzić. Pięknie. Zastanawiałam się nad słowami Krysi i próbowałam sobie przypomnieć, kiedy ostatnio jechałam rowerem. Zadzwonił telefon.

– Pani Martyno, nie ma Krysi, a my już w autokarze – usłyszałam w słuchawce głos wychowawczyni.

– Przepraszam, będzie za trzy minuty. Już jedzie rowerem.

Wróciłam do domu, ale nie mogłam przestać myśleć o Krysi, która pierwszy raz pojechała do szkoły samodzielnie. „Moja maleńka Krysia dorasta" – uświadomiłam sobie po wejściu do salonu.

Spojrzałam na rozrzucone kredki, zebrałam je, zamknęłam książkę o rozmnażaniu, usiadłam w fotelu i łzy napłynęły mi do oczu. Już sama nie wiedziałam dlaczego. Czy to adrenalina szalonego poranka, czy wyrzuty sumienia, że prawie zaspałyśmy na wycieczkę szkolną (straszna matka ze mnie), czy fakt, że moje maluchy powoli stają się coraz starsze, a ja coraz bardziej im niepotrzebna. Czy każda mama tak ma?

Obudziłam Ksawerego, bo przecież miał uczyć się grać na flecie. „Co to za pomysł z tym fletem?" – pomyślałam. Za naszych czasów tylko się śpiewało na muzyce. Choć też nas to bardzo stresowało, ponieważ nauczyciel wręczał każdemu mikrofon podłączony do olbrzymich głośników. Nasz śpiew solo z całą pewnością niósł się długim korytarzem przez pierwsze i drugie piętro. Może ten flet to wcale nie jest taka głupia sprawa?

Ksawery poszedł do szkoły. Włączyłam komputer i usiadłam do pracy. Ale nie mogłam się skoncentrować. Patrzyłam cały czas na pralkę, zmywarkę i śmieci do wyniesienia. A na dziś miałam przygotować artykuł do gazety. Chwyciłam więc laptop i wybiegłam z domu.

Zapomniałam szalika, zawsze go zapominam. Polskie mieszkania są cudownie ciepłe, ale mają jeden minus. Zatracam się w tym cieple tak dogłębnie, że zapominam, jakie warunki panują na zewnątrz. Mój mózg myśli wciąż po maltańsku, gdzie temperatura na zewnątrz jest zazwyczaj wyższa od temperatury w mieszkaniu.

Weszłam do kawiarni. Rozejrzałam się wkoło. Sporo ludzi. Może wszyscy uciekli tak jak ja przed pralką, zmywarką i mopem?

Mój ulubiony fotel stał wolny. Czekał na mnie. Zamówiłam jogurt z owocami i napar imbirowy. Odkąd go odkryłam, uwielbiam go pijać zamiast kawy. Włączyłam komputer. Próbowałam napisać choć kilka zdań, ale mi nie wychodziło. Myślałam o oponach, które zamówiłam. Zastanawiałam się, czy zdążą przyjść, zanim spadną pierwsze śniegi. Liczyłam, ile godzin mi zostało do dzisiejszego zebrania klasowego. Kombinowałam, co kupić na jutrzejsze imprezy urodzinowe, i sprawdzałam w dokumentach od samochodu, do kiedy miałam przegląd i ubezpieczenie.

W głowie szalało mi tysiąc myśli.

„Zakupy! Nie kupiłam jeszcze parasola, zawsze o nim zapominam. Dziś muszę kupić. Parasol i strój dla Krysi na występy cheerleaderek. Czy ja zapłaciłam za lekcje pływania Ksawerego? Chyba zapomniałam. I ziemniaki, muszę kupić ziemniaki. Ale wcześniej wejdę do fryzjera. Muszę przecież coś zrobić z włosami. Z włosami i paznokciami najlepiej. Nasz występ w telewizji zbliża się wielkimi krokami, a ja jak zawsze mało zorganizowana.

I ta nieszczęsna wycieczka... Wycieczka! Krysia wraca z wycieczki! Muszę iść ją odebrać ze szkoły!"

Krysia wróciła z wycieczki. Brudna, z nowymi siniakami na nogach, ale szczęśliwa. Tak powinno wyglądać dzieciństwo. Ksawery natomiast wrócił zakatarzony i z bólem głowy. Poszłam więc do apteki. Później usiadłam z Krysią do pracy domowej i wiersza o królu, co ma ogon długi jak kiełbasa. Markotny Ksawery zadzwonił do Sebastiana, by opowiedzieć mu, jak się źle czuje. Tylko mężczyzna jest w stanie zrozumieć mężczyznę w tak trudnej chwili.

Mnie też coś w gardle zaczęło drapać. Szukałam miodu, cytryny i czosnku. Nie mogę przecież się rozchorować. Nie teraz. Położyłam maluchy spać, usiadłam do komputera. Otworzyłam go z nadzieją, że może ktoś za mnie napisał już ten artykuł. Niestety nie. Zaparzyłam herbatę, dodałam miodu i cytryny, okryłam się kocem i zaczęłam pisać.

Piątek

Budzik dzwonił uparcie o szóstej rano. Wyłączyłam go i poprosiłam o pięć minut drzemki. Wczoraj za długo siedziałam przed komputerem. W nocy wstawałam, by zobaczyć, czy Ksawery nie ma gorączki.

Żółwim tempem zwlekłam się z łóżka. Obudziłam Krysię. Ksawery zostanie dziś w domu. Krysi przypomniała się nieodrobiona praca domowa, więc usiadłyśmy do matematyki. Naszykowałam lekarstwo dla Ksawerego, zrobiłam makijaż i wybiegłam z Krysią z domu.

Znowu padało. Miałyśmy już parasolkę, więc szłyśmy dumnie. W szalikach, kaloszach, z parasolem w dłoni. Chyba zaczęłam się organizować. Kiedy wracałam, zadzwonił telefon w sprawie wieczoru autorskiego. Obiecałam zająć się tematem, jak tylko dotrę do domu. Weszłam na drugie piętro. Otworzyłam drzwi, a tam... Ksawery w piżamie, z rowerem w ręku.

– Co robisz?

– Zobacz, powietrze wyszło. Musiałem na coś wjechać. Co teraz?

– Nie mam pojęcia. Te tematy zawsze należały do taty. Daj mi pomyśleć. Jakiś serwis rowerowy albo coś trzeba znaleźć. Ale dlaczego ty nie jesteś w łóżku?

– Bo już się lepiej czuję, mogę jechać do serwisu?

– Dziś zostajesz w domu, rower poczeka do jutra.

Dopisałam rower do listy, zaraz pod oponami do wymiany, serwisem, płynem do spryskiwaczy, fryzjerem i prezentami urodzinowymi. Otworzyłam komputer.

To nie pierwszy raz, kiedy byłam sama z dziećmi w Polsce. Jak ja to ogarniałam parę lat temu? Czy z młodszymi dziećmi było łatwiej? Nie, już pamiętam. Wtedy wszechświat przysłał mi Sarę – Hiszpankę, która zjawiła się w naszym domu i niczym anioł wybawiła mnie z opresji.

Pomogła mi przy maleńkich dzieciach i usmażyła tortillę de patatas* na kolację. Ach, jak ja za nią tęsknię. Kilka lat już jej nie widziałam. Ciekawe, co u niej. Gdyby tak na chwilę wszechświat mi ją zesłał raz jeszcze. Choćby na jeden dzień, może dwa dni, abym mogła naładować się od niej tą pozytywną hiszpańską energią.

---

* Tortilla de patatas – tradycyjny hiszpański omlet z jajek, cebuli i ziemniaków.

Rozdział 10

W hiszpańskim rytmie

Zanurzanie dzieci w polskiej kulturze i polskim języku było naszym priorytetem w Warszawie. Zdawałam sobie sprawę z tego, że taki czas może się już nie powtórzyć. Chciałam wykorzystać go maksymalnie. Polska szkoła, teatry, kawiarnie, biblioteki i przeróżne zajęcia dodatkowe stały się dla nas codziennością.

To nie znaczy, że zapomnieliśmy o „naszym" języku – mamy i dziecka, czyli hiszpańskim. Moja iberyjska dusza nie pozwoliłaby na to. Z olbrzymią chęcią powróciłam do mówienia do dzieci tylko w języku hiszpańskim. Częściej słuchaliśmy też hiszpańskiej muzyki, choć muszę przyznać, że im starsze są dzieci, tym trudniej przebić się przez ich gusty muzyczne.

Krysia i Ksawery bardzo szybko nauczyli się od polskich kolegów i koleżanek nazwisk i tytułów piosenek z polskiej młodzieżowej sceny muzycznej. Zaczęli słuchać, a nawet śpiewać wraz z wykonawcami polskie utwory, które były w tym czasie na topie. Nie zabraniałam im tego. Wręcz przeciwnie – zachęcałam do słuchania polskich wykonawców. Razem z nimi często poszukiwałam informacji o ulubionym piosenkarzu czy piosenkarce. W zamian nie protestowały, kiedy włączałam, a nawet śpiewałam (czasem pewnie zbyt głośno) hiszpańskie przeboje.

Mówienie i muzyka to nie wszystko, przygotowałam też zestaw książek na dobranoc i ćwiczeń do rozwiązania w języku hiszpańskim. Bardzo chętnie do nich siadały. Może dlatego, że nie kojarzyły ich z suchą gramatyką? Nie wprowadzałam im jeszcze teorii i terminów filologicznych. Cały czas bawiliśmy się językiem i intuicyjnie rozwiązywaliśmy zadania. Każdy, kto mnie zna, wie, że moja iberyjska dusza nie mogła na tym poprzestać. Poszukiwałam czegoś dodatkowego. Czegoś, co da im iberyjski zastrzyk. Czegoś, co napełni ich serca hiszpańskością.

Pierwszym moim pomysłem w Warszawie było zapisanie dzieci na lekcje tańca latino. Pamiętam doskonale, kiedy to ja uczęszczałam na tego typu kursy. Nie ma nic piękniejszego od poruszania się w rytmie kubańskiej czy hiszpańskiej muzyki. Nasz nauczyciel tańca nauczył nas, że kiedy tańczymy, powinniśmy to robić całym ciałem, całym duchem, całym sobą. Musimy to poczuć i nieważne, czy tańczymy na turnieju międzynarodowym, czy krok podstawowy na pierwszej lekcji. Powinniśmy tańczyć tak, jakby nie było jutra, jakby to był nasz pierwszy, a zarazem ostatni taniec. Taniec jest najwspanialszą formą wyrażania siebie. Nie można być w nim znakiem zapytania. Trzeba być wykrzyknikiem. I to właśnie chciałam przekazać również swoim dzieciom.

Niestety, ponieważ przyjechaliśmy do stolicy w październiku, znalezienie miejsc w grupach tanecznych graniczyło z cudem. Większość kursów była już zarezerwowana. Postanowiłam jednak się nie poddawać i ugryźć temat z innej strony. Jeśli nie możemy poczuć muzyki swoim ciałem, poczujemy ją dzięki innym tancerzom. I tak rozpoczęłam poszukiwania wieczorków hiszpańskich z prawdziwą, pochłaniającą do granic muzyką flamenco. Ponieważ mieszkaliśmy w centrum Warszawy, nie było to trudne do zrealizowania. Jeszcze parę lat temu, gdy byliśmy w Madrycie, zastanawiałam się, czy warto iść z dziećmi na flamenco. Dziś wiedziałam, że jest to wspaniały pomysł, a patrząc na radość maluchów, byłam pewna, że będę miała doskonałych towarzyszy hiszpańskiego wieczoru.

– Tak, chodźmy na flamenco! Tak jak w Madrycie. Czy będziemy tam jedli gazpacho*? – zapytała Krysia.

– Obawiam się, Krysiu, że nie będzie tam jedzenia, ale mam kilka pomysłów w kieszeni – powiedziałam i rzuciłam jej tajemnicze spojrzenie.

To miał być nasz wieczór, wieczór języka hiszpańskiego. Czas muzyki, gitary i śpiewu. Musiał być wyjątkowy. Ubraliśmy się w hiszpańskim klimacie. Ja włożyłam czerwoną sukienkę. Dawno jej na sobie nie miałam. Usta podkreśliłam pomadką w tym samym kolorze.

– Wow! Mamusiu, ale żeś się wyszykowała – krzyknął Ksawery, kiedy wyszłam z łazienki, w której robiłam makijaż.

– Kochanie, po pierwsze, nie mówimy „żeś się" po polsku. – Czasem przesadnie dbamy o czystość naszego języka. – A po drugie, zapamiętaj na całe życie: kiedy kobieta włoży piękną sukienkę, zawsze należy jej powiedzieć: „jak pięknie wyglądasz". To jedno zdanie wystarczy.

Zazwyczaj to Sebastian dbał o dżentelmeńskie wychowanie Ksawerego, ale skoro go tu nie było, postanowiłam przejąć rolę nauczyciela i wytłumaczyć, jakie polskie zdanie najlepiej pasuje do danej sytuacji. Może zapamięta? Może mu się przyda w dorosłym życiu?

---

* Gazpacho – hiszpański chłodnik z pomidorów, typowy dla regionu Andaluzji.

– Mamusiu, jak pięknie wyglądasz! – krzyknęła Krysia.

– Dziękuję – odpowiedziałam z dumą, po czym dodałam: – Kiedy chcesz spędzić wyjątkowy wieczór, musisz ubrać się i przede wszystkim czuć się inaczej niż każdego dnia.

Poszliśmy pieszo pewnym krokiem. Dzieci nie zadawały dużej liczby pytań, ponieważ doskonale wiedziały, czego się spodziewać. Krysia nie mogła się już doczekać falujących falban, Ksawery dźwięku gitary. Weszliśmy do olbrzymiego budynku w samym sercu Warszawy.

– Tu są sami Polacy – powiedziała zdziwiona Krysia, patrząc na tłum ludzi zgromadzonych przed wejściem na salę.

– *Porque estamos en Polonia, cariño**.

Kilka minut później podwójne drzwi otworzyły się i weszliśmy do środka.

– Który rząd mamy? – zapytał Ksawery, licząc wznoszące się przed nami krzesła. Pierwsze sztuki teatralne oglądaliśmy z ostatnich rzędów i maluchy protestowały, ale bilety kupowałam często w ostatniej chwili.

– Tym razem pierwszy. – Uśmiechnęłam się triumfalnie. – Też się czegoś nauczyłam w Warszawie, nie tylko wy – dodałam i wybuchnęliśmy śmiechem.

Niedługo później na scenie pojawili się pierwsi muzycy. Zabrzmiał dźwięk gitary. Światło przygasło. W tle sceny pojawiły się zdjęcia przedstawiające andaluzyjskie klimaty: błękitne morze, kolorowe, ręcznie malowane donice błyszczące w pełnym słońcu, uśmiechnięte twarze mieszkańców Półwyspu Iberyjskiego. Bardzo szybko zapomnieliśmy o czasoprzestrzeni. Nikt z nas nie

---

* *Porque estamos…* (hiszp.) – Ponieważ jesteśmy w Polsce, kochanie.

siedział w centrum Warszawy, pływaliśmy gdzieś między Kordobą a Granadą. Wsłuchani w zachrypnięty głos opowiadający andaluzyjską historię przerywany spontanicznym uderzeniem obcasa tancerki i wpatrzeni w wirujące falbany i ruchy pięknej Hiszpanki.

Młoda dziewczyna tańczyła całym swym ciałem, całym duchem, całą sobą. Doskonale czuła muzykę. Jak na turnieju międzynarodowym. Tańczyła, jakby nie było jutra. Jakby to był jej pierwszy, a zarazem ostatni taniec. Z całą pewnością była to najpiękniejsza forma wyrażania siebie. Młoda Andaluzyjka nie była znakiem zapytania. Była idealnym, subtelnym i pełnym wdzięku wykrzyknikiem. Kiedy muzyka ucichła, rozbrzmiały gromkie brawa. Ludzie wstali.

– *¡Olé, Olé!* – krzyczeli.

A my razem z nimi.

– *¡Olé, Olé!* – wiwatował Ksawery, który tego dnia w duszy chyba wrócił do swojej hiszpańskiej wersji imienia.

– Czy możemy iść do nich po autograf? – zapytała Krysia.

– Nie mam naszego albumu do autografów, Krysiu. Przepraszam, zapomniałam.

– Ja mam – powiedziała Krysia, wyjmując z torebki notes. – Mam też długopis – dodała.

– Tata miał rację, mówiąc wczoraj, że staliście się teatralnymi ekspertami. Dziś zyskaliście też miano prawdziwych łowców autografów – powiedziałam.

– Krysia też się czegoś nauczyła w Warszawie – dodał Ksawery.

– Chodźmy, dopóki tancerze są na scenie, żeby nam nie zniknęli.

Zbliżyliśmy się, młody muzyk popatrzył na nas pytającym wzrokiem.

– *¡Hola! Quisiéramos decir muchas gracias*[*]. Wspaniały spektakl, cudowne emocje, bardzo nam się podobało – stwierdziłam.

– Dziękuję za twoje słowa – powiedział, a następnie odwrócił się i zawołał pozostałych muzyków i tancerki.

– Czy możemy prosić o autograf? – zapytała nieśmiało po hiszpańsku Krysia.

– Oczywiście, że tak. Jakie macie imiona?

Piękna młoda tancerka usiadła na scenie tuż obok Krysi. Ta zaczerwieniła się, dotknęła swoją małą rączką falban sukni cudownie rozłożonej tuż obok niej.

– Podoba ci się moja sukienka?

– *Mucho*[**] – odpowiedziała. – *Me llamo Kristina y este es mi hermano Javi*[***] – dodała.

– Jesteście z Hiszpanii? – zapytał jeden z muzyków, odkładając gitarę.

– Nie, jesteśmy Polakami. Tylko imiona mamy hiszpańskie – odpowiedział z dumą Ksawery.

– I dusze – dodał muzyk z uśmiechem.

Usiedliśmy wspólnie na scenie. Opowiedzieli nam, jak lecieli z Sevilli, jakie wrażenie zrobiła na nich Warszawa, jak stresowali się przed polską publicznością i jak bardzo się cieszą, że do nich podeszliśmy, aby wyrazić uznanie. Dostaliśmy piękne wpisy w naszym albumie z autografami, zrobiliśmy kilka zdjęć i się pożegnaliśmy.

– Ach… piękny wieczór – powiedziałam, gdy wychodziliśmy z budynku.

---

[*] *¡Hola! Quisiéramos…* (hiszp.) – Cześć! Chcielibyśmy podziękować.

[**] *Mucho* (hiszp.) – bardzo.

[***] *Me llamo…* (hiszp.) – Mam na imię Krysia, a to jest mój brat Javi.

– Ale co? Już koniec wieczoru? A niespodzianka? – zapytała Krysia.

– Jaka niespodzianka?

– Sama mówiłaś, że w kieszeni masz niespodziankę! Zamiast gazpacho.

Dzieci nie pamiętają o umyciu zębów ani o odrobieniu pracy domowej, ale za nic w świecie nie zapomną o obiecanej niespodziance. Tak pięknie nam się wieczór rozpoczął, że nie mogliśmy zakończyć go po polsku. Wszyscy czuliśmy niedosyt.

– Chciałam was zaprosić do śródziemnomorskiej knajpki, którą całkiem niedawno odkryłam. Mają tam jedzenie włoskie, francuskie i hiszpańskie. Macie ochotę?

– Na gazpacho?

– Myślę, że na coś jeszcze lepszego.

– Lody?

– Krysiu…

– Tak, wiem, wiem… Zimą w Polsce nie jemy lodów.

– ¡Churros con chocolate*! – krzyknął Ksawery, a jego oczy zaświeciły radością.

– Niewykluczone – odpowiedziałam.

Wzięłam dzieci za ręce. Jak wtedy, gdy byliśmy w Madrycie i szliśmy wąskimi uliczkami. Popatrzyłam na nie. Jak one urosły. Ich dłonie bardziej przypominały rozmiarem dłoń dorosłej osoby niż małego dziecka. Ściskałam je czule, bo wiedziałam, że nic nie trwa wiecznie. One tylko raz są dziećmi.

Śnieg prószył delikatnie. Szliśmy ulicami Warszawy. W sercu hiszpańsko radośni, naładowani andaluzyjskim optymizmem

---

* Churros con chocolate – typowy hiszpański poczęstunek na słodko.

i myślą o gorącej czekoladzie, która na nas czeka. Po krótkim spacerze dotarliśmy na miejsce.

W lokalu panował wyjątkowy klimat. Bardzo ciepła atmosfera. Zajęliśmy stolik przy oknie. Uwielbiam stoliki z widokiem na miasto, szczególnie w taki wieczór jak ten. Kiedy za szybą jest ciemno, ale lampy uliczne oświetlają drogę płatkom śniegu. Sypało coraz mocniej.

– Ale tu cieplutko – powiedziała Krysia i pochuchała w swoje zmrożone dłonie.

– I mają płytki hiszpańskie na podłodze, patrzcie – zauważył trafnie Ksawery.

Po chwili oboje stali z nosami przyklejonymi do szyb.

– Prawdziwy śnieg na szybach, zobacz, Krysiu – zachwycał się Ksawery.

– A pamiętacie, jak na Malcie robiliśmy śnieg na szybach? – zapytała Krysia. – Malowaliśmy go dezodorantem.

– To nie był dezodorant, to taki śnieg w sprayu – poprawił ją starszy brat.

– Mamusiu, po co my to robiliśmy?

No właśnie, dobre pytanie. Po co my to robiliśmy? Już nawet o tym zapomniałam. Często w okresie świątecznym malowaliśmy szyby sztucznym śniegiem. Dlaczego? Może w głębi duszy tęskniliśmy za prawdziwym śniegiem? Może zima zawsze w naszej podświadomości łączyła się z białymi szybami?

Pamiętam też ten sztuczny śnieg w południowej Hiszpanii. Tam często wystawy sklepowe ozdobione były kulkami styropianowymi. To że my, Polacy, malowaliśmy na biało szyby maltańskich okien, jestem w stanie zrozumieć, ale że Hiszpanie tęsknią do śniegu, który nigdy nie łączy się z zimą w tej części Europy? Tego nigdy nie zrozumiem.

- Ach, ta Hiszpania - westchnęłam.

- Co podać? - zapytała kelnerka lekko zdziwiona widokiem dzieci o tej porze dnia.

- Poprosimy pulpo a la gallega, gambas a la plancha* i na deser churros con chocolate.

- Jedną porcję churros? - upewniła się.

- Nie! Dwie! Dwie duże! - wykrzyknęła Krysia przerażona wizją dzielenia się swoim deserem.

- Dla pani jakiś deser?

- Ja poproszę lampkę hiszpańskiego winka. Czy macie coś z regionu Rioja**?

- Mamy, ale polecam dziś pyszne wino francuskie...

- Zależy mi na tym, by było to wino hiszpańskie.

- Rioja jest bardziej cierpka niż francuskie wino - zaczęła sugerować młoda kelnerka, ale nawet nie dałam jej dokończyć.

Choćby rioja miała być najbardziej cierpkim winem świata, w tym momencie marzyłam właśnie o nim.

- Lampkę czerwonego wina rioja poproszę, zaryzykuję.

Lekko zmieszana kelnerka uśmiechnęła się i odpowiedziała:

- Bardzo proszę.

I tak przedłużyliśmy nasz hiszpański wieczór. Sprawiliśmy, że hiszpańska muzyka żyła w nas jeszcze przez parę godzin. Siedzieliśmy, delektowaliśmy się hiszpańskimi przysmakami

---

* Pulpo a la gallega, gambas a la plancha - typowo hiszpańskie zamówienie: ośmiornica po galicyjsku i krewetki z gorącej blachy.

** Rioja - tradycyjne hiszpańskie wino pochodzące z regionu Rioja, stąd jego nazwa. Czyt. rioha.

i opowiadaliśmy o swoich wrażeniach. Każdy z nas zapamiętał coś innego, każdy miał inne spostrzeżenia. Wszystkie one były wspaniałe. Krysia i Ksawery wymieniali się przemyśleniami i churrosami, bo przecież te na talerzu obok są zawsze smaczniejsze. Ich brudne od czekolady buzie były takie szczęśliwe.

– Czy coś jeszcze podać? – zapytała kelnerka, gdy podeszła do naszego stolika.

– Poproszę kawę, cortado* – powiedziałam.

– Kawę? – upewniła się dziewczyna.

– Tak, takiego hiszpańskiego wieczoru nie można zakończyć bez hiszpańskiej kawy.

I nie patrzyłam nawet na zegarek. Wiedziałam, że tej nocy długo nie zasnę, że wrócę do domu, zadzwonię do Sebastiana, by opowiedzieć mu o wszystkim. Wiedziałam też, że usiądę do komputera, by opisać wam te wszystkie emocje, tak na gorąco, póki hiszpańska muzyka grała w moim sercu.

---

* Cortado – moja ulubiona hiszpańska kawa z małą ilością mleka.

Rozdział 11

Polska zima

Podobnie jak jesienna pogoda zrobiła na nas olbrzymie wrażenie, tak i zimowa aura zaskoczyła nas pod wieloma względami. Rozmowy o zimie zaczęły się dużo wcześniej, bo już w październiku.

– Mamusiu, a kiedy będzie śnieg? A kiedy będzie biało? A kiedy pójdziemy na sanki? A czy ulepimy bałwana? A czy zimą choć raz możemy zjeść lody? – Pytaniom nie było końca.

Kiedy więc w listopadzie pojawił się pierwszy, delikatnie prószący śnieżek (taki, który nawet nie zdąży osiąść na trawnikach, ponieważ ginie w oczach przy dodatniej temperaturze), Krysia włożyła kombinezon narciarski (pisałam już, że odpowiednio się przygotowaliśmy na pobyt w Polsce?), śniegowce, czapkę, szalik i rękawiczki.

– Krysiu, czy ty zamierzasz tak pójść do szkoły? – zapytałam niepewnie, ponieważ z jednej strony nie chciałam psuć jej frajdy, a z drugiej wolałam zasygnalizować, że może to lekka przesada.

– Śnieg pada, widziałaś? – oznajmiła Krysia z taką radością w głosie, że nie potrafiłam znaleźć argumentu, aby się przebrała.

Poszła więc tak do szkoły. Tego ranka nie była warszawskim kosmitą. Była warszawskim Eskimosem. Opatulona tak, że wystawały jedynie oczy, brakowało jej tylko sań i psiego zaprzęgu.

Kroczyła dumnie do szkoły, mijając ludzi zerkających na nią z dziwnymi minami. Ale to było zupełnie nieistotne. Liczyła się radość w jej sercu. Czekała na ten moment, by pójść do szkoły w stroju Eskimosa, osiem lat swojego życia i potrafiła się nim cieszyć, radować całym sercem. Wszyscy wiemy, że polski listopad potrafi płatać figle. Temperatura w ciągu dnia zmieniła się diametralnie. Kiedy Krysia wracała ze szkoły, niosła całą tę zimową garderobę w ręku. Po śniegu oczywiście nie było już śladu. W moich wspomnieniach zawsze będzie królował jednak ten poranny obrazek – widok mojego radosnego warszawskiego Eskimosa.

Na prawdziwy śnieg nie musieliśmy długo czekać. Spadł dwa tygodnie później. Termometr również szybko zaczął wskazywać okolice zera stopni.

– Ale zimno, brrr – powiedział Ksawery, naciągając czapkę na uszy.

– To jeszcze nie jest zimno – odpowiedziałam i uśmiechnęłam się do niego, jakbym chciała w ten sposób przekazać mu informację: „A nie mówiłam? W Polsce jest zimno".

– Jak to? Może być jeszcze zimniej? – zapytał z przerażeniem.

– Oczywiście, temperatura niedługo spadnie poniżej zera.

– Poniżej zera? Co?

– Pamiętasz, kiedy mieszkaliśmy na Malcie i mówiłeś: „Brrr… jak tu zimno", gdy wstawałeś z łóżka w grudniu przy temperaturze plus osiemnastu stopni?

– Tak, pamiętam. A ty wtedy mówiłaś: „Zimno to jest w Polsce, na Malcie jest przyjemnie chłodno".

– Otóż to.

– A ja ci wtedy nie wierzyłem. Poważnie mówisz, że temperatura spadnie poniżej zera?

– Obawiam się, że tak.

– Przecież my wtedy zamarzniemy! – krzyknął z przerażeniem.

– I będziemy takie dwa bałwanki? – zapytała Krysia, która rączkami zaczęła już nakreślać kuliste kształty swojego przyszłego ciała.

Podobnie jak na śnieg, tak i na mróz nie trzeba było długo czekać. Temperatura osiągnęła magiczne kilka stopni poniżej zera, a nasze nosy stały się czerwone, optymizm nas jednak nie opuszczał.

– Zobacz, mamusiu, można pisać palcem po samochodach.

– Krysiu, nie dotykaj cudzych samochodów – upominałam ją.

– Ale tylko zobacz, można się podpisać – powiedziała radośnie i już zaczęła nakreślać palcem pierwsze litery swojego imienia.

– Krysiu, chodź do mnie szybko.

– Dlaczego? To świetna zabawa – zaprotestowała. – Czy ty nigdy nie pisałaś palcem po samochodach? – dodała z lekkim wyrzutem.

Czy ja pisałam palcem po zamarzniętych maskach i szybach samochodów? Oczywiście, że robiłam to w dzieciństwie. Na tym polegała cała frajda. Każde dziecko znało ten rodzaj zabawy. Zupełnie o tym zapomniałam.

– O rany! Stałam się teraz marudną starą babką, która krzyczy: „Nie wolno dotykać obcych samochodów!" – powiedziałam z wyrzutem sama do siebie.

Wypowiadałam to zdanie w takim tonie, jakiego nienawidziłam, kiedy byłam dzieckiem. Stałam się zrzędzącą kobietą, dokładnie taką, jaką nigdy nie chciałam się stać. Przypomniały mi się moje myśli z lat dziecięcych: „Kiedy dorosnę, nigdy nie będę nudną, marudzącą babą, która nie widzi radości w zabawie zimą, w rzucaniu śnieżkami, malowaniu palcem po zamrożonej szybie czy wylewaniu wiaderka wody na chodnik, aby stworzyć magiczną ślizgawkę".

„Z tym ostatnim to chyba lekko przesadziłam" - pomyślałam na samo wspomnienie tego pomysłu.

Na szczęście Krysia i Ksawery nie osiągnęli jeszcze tego stopnia wtajemniczenia i nie poszukiwali wiaderka z wodą w grudniowe czy styczniowe poranki. Może dlatego, że sam fakt zmrożonej ziemi i lód na chodniku bardzo je zdziwił. Chyba nawet trochę przeraził.

Pamiętam pierwsze zderzenie Krysi z lodem i zimową rzeczywistością. Biegła w kierunku szkoły i w pewnym momencie poślizgnęła się i upadła na chodnik. Nie było to nic nadzwyczajnego. Każdy z nas przewrócił się na lodzie w wieku ośmiu lat. Kiedy jednak przewracasz się po raz pierwszy w swoim życiu, robi to na tobie olbrzymie wrażenie. I nieważne, ile masz lat. Pamiętam jej spojrzenie pełne złości, żalu i... zaskoczenia.

- Krysiu, nic ci nie jest? - zapytałam ją.

Byłam pewna, że wybuchnie płaczem, tak jak każdy, kto zaliczy swój pierwszy upadek na lodzie. Nie zrobiła tego. Zdziwienie było tak duże, że wzięło górę nad uczuciem żalu i innymi emocjami.

- Co się stało? - zapytała.

- Jest lód na chodniku, zobacz. Lód jest śliski i się przewróciłaś.

- I ten lód tak będzie już zawsze?

- Zawsze nie, ale trochę pobędzie. Pamiętasz lód w górach? Byłaś przecież kiedyś w górach z babcią. Był tam lód.

- W górach tak, ale w drodze do szkoły? W Warszawie? - zapytała Krysia, podnosząc się z chodnika.

Zima zaskakiwała nas często. A dzieci nie mogły przestawić swojego myślenia na fakt, że trwa ona tak długo. Krysia wiele razy wychodziła z domu bez kurtki, czapki czy szalika. Parokrotnie przyszła też ze szkoły w trampkach, bo nie pamiętała, że należy zmienić buty.

– Ciągle o tym zapominam. Zapominam, że jest tak zimno, że jest śnieg i mróz – powtarzała.

Potrafiła też obudzić się w styczniowy poranek, wyjrzeć przez okno, zobaczyć świecące pięknie słońce, błękitne niebo i pobiec do piekarni w klapkach. Na szczęście piekarnia mieściła się w naszym bloku, ale nie zmienia to faktu, że z gołymi stopami wyszła na śnieg. A ja nie zdążyłam jej nawet powstrzymać. Po piętnastu minutach wracała ze znakami zapytania w oczach i czerwonymi od zimna stopami, mówiąc:

– Myślałam, że jest cieplej. Na Malcie, kiedy świeci słońce, to zawsze wychodzimy na zewnątrz w klapkach i jedziemy na plażę. Czy ta zima długo jeszcze będzie trwała?

Rozdział 12

Hiszpańska niania w stolicy

Kiedy wyjeżdżaliśmy na Maltę, wiele osób mówiło:

– Jak sobie poradzicie psychicznie z dala od rodziny i przyjaciół? Nie będziecie mieli z nimi kontaktu.

Przyznam szczerze, że sami się tego obawialiśmy, ponieważ nie chcieliśmy, by dzieci wychowywały się bez rodziny. Szybko jednak okazało się, że nasze obawy były niepotrzebne. Maltę odwiedza ponad siedem milionów turystów rocznie. A że pewien odsetek tej liczby to była nasza rodzina i znajomi, gościliśmy wiele osób w swoim domu. Nasze drzwi były zawsze otwarte i dzieci przyzwyczaiły się, że odwiedzają nas rodzina i przyjaciele nie tylko z Polski, ale również z całego świata. Wiem, że wydaje się to absurdalne, ale z pewnością nie utrzymywalibyśmy tak bliskich kontaktów z tak dużą liczbą osób, gdybyśmy zostali w Polsce.

Kiedy zamieszkaliśmy w Warszawie, miałam mieszane uczucia. Z jednej strony wiedziałam, że kontakt z rodziną będzie ułatwiony. Z drugiej – nasza stolica z całą pewnością nie była tak atrakcyjna jak egzotyczna, słoneczna wyspa na środku Morza Śródziemnego. Bałam się, że ograniczymy relacje z wieloma przyjaciółmi mieszkającymi w innych krajach. Warszawa nie jest turystycznym rajem, do którego przylatuje rocznie siedem milionów turystów. Czas jednak pokazał, jak bardzo się myliłam.

– *¡Hola, Martina! ¿Cómo estás?** – zabrzmiał znajomy głos w telefonie.

– *¡Hombre! ¡Sara, qué sorpresa! ¿Qué tal?*** Nie uwierzysz, jak ja o tobie ostatnio myślałam.

Sara była magiczną Hiszpanką w naszym życiu. Pojawiła się w nim wraz z mężem i córeczką sześć lat wcześniej. Wszechświat nam ją zesłał w momencie, kiedy najbardziej tego potrzebowaliśmy. Opiekowała się Krysią i Ksawerym. Była ich ciocią, nauczycielką, mentorką hiszpańskości. I choć utrzymywaliśmy kontakt wirtualny, nie widzieliśmy jej od kilku lat.

– Co u was? Co na Malcie? Dzwonię, żeby ci powiedzieć, że lecimy jutro do Polski. Tak się cieszę! – krzyczała do telefonu.

– Jak to: do Polski?

– Tak! Cudownie! Prawda?

– My jesteśmy w Polsce!

– Jesteście w Polsce? I jutro też będziecie?

– Oczywiście, że będziemy. I jutro, i pojutrze, i nawet za miesiąc. Gdzie lądujecie?

– No niestety lądujemy w Warszawie, a nie w Poznaniu – powiedziała z żalem w głosie, myśląc, że wciąż tam mieszkamy.

– W Warszawie? Cudownie się składa. Z olbrzymią radością odbiorę was z lotniska, podeślij mi tylko numer lotu.

Tego typu telefony nie były rzadkością. Okazało się, że Warszawa jest doskonałym punktem nie tylko docelowym, ale też przesiadkowym dla pasażerów lotniczych, pociągowych i autobusowych.

---

* *¡Hola, Martina...* (hiszp.) – Cześć, Martyna! Co u ciebie?

** *¡Hombre! ¡Sara...* (hiszp.) – O rany! Sara, ale niespodzianka! Jak się masz?

Wiele się w naszym życiu nie zmieniło. I choć dysponowaliśmy zaledwie czterdziestometrowym mieszkaniem, mieściliśmy się bez problemu. Drzwi naszego lokum były zawsze otwarte, a pokoje zawsze pełne.

Sara i jej mąż Antonio przylecieli z Malagi. Nie widzieliśmy się z nimi od około czterech lat. Było więc to wielkie wydarzenie dla nas wszystkich. Dzieci pamiętały Sarę chyba już tylko z opowiadań, ale wciąż była im szalenie bliska. To chyba dlatego, że cały czas opowiadałam im, jak bardzo się nimi opiekowała, jak nam pomagała i jak je kochała.

Przez te kilka lat bardzo często wspominaliśmy Sarę, dzwoniliśmy do niej zawsze ze świątecznymi życzeniami. Traktujemy ją jak członka rodziny, tak się o niej wypowiadamy w domu. Wspominamy ją zawsze z miłością. Dzieci, mimo że jej nie pamiętają, darzą ją takim samym uczuciem jak my. Przeczytałam ostatnio gdzieś w Internecie: „Nie martw się tym, co mówisz przy swoim dziecku, martw się tym, co przy nim robisz". Coś w tym musi być…

Od rana byliśmy gotowi na powitanie naszych hiszpańskich przyjaciół. Dzieci się trochę denerwowały, szczególnie Krysia.

– Krysiu, to będzie cudowne spotkanie, zobaczysz.

– A jak ich nie zrozumiem? – martwiła się.

– Krysiu, znasz doskonale hiszpański, ciocia będzie mówiła tylko po hiszpańsku.

– No znam, ale zawsze może powiedzieć coś, czego nie zrozumiem – przyznała.

– Krysiu, masz dopiero osiem lat. Nie musisz rozumieć jeszcze wszystkiego, ani po polsku, ani po hiszpańsku, ani w żadnym innym języku. Ja mam trzydzieści lat więcej i wiesz co? Też czasami czegoś nie rozumiem, nawet po polsku. To normalne – wyjaśniłam. – Masz gotowe prezenty dla wszystkich? – próbowałam zmienić temat.

– Tak, dla Miriam przygotowałam nawet laurkę – odpowiedziała, ściskając kartkę w dłoni.

Czekaliśmy na nich w centrum Warszawy. Chciałam odebrać ich z lotniska, ale wypożyczyli samochód i jak zawsze nie chcieli nikomu robić problemu. Spacerowaliśmy więc w deszczu uliczkami Starego Miasta. Dzieci się niecierpliwiły.

– Gdzie jest ciocia Sara? – pytały co chwilę.

– Może zabłądziła? – zasugerował Ksawery.

– Spokojnie, zaraz na pewno będą – starałam się rozluźnić atmosferę, choć sama z niecierpliwości przeskakiwałam z nogi na nogę. Całkiem jak przed egzaminem.

– Już powinni tu być.

– A czy ich poznamy?

– Oczywiście, że ich poznamy.

– A Miriam też przyleci?

– Nie, Miriam musiała niestety zostać w Hiszpanii.

– Ojej! – zmartwiła się Krysia. – To może skoro już tak czekamy, to sobie chociaż lody kupimy? – zapytała niewinnie.

– Krysiu, zimą w Polsce nie kupujemy lodów, ponieważ…

Nie zdążyłam skończyć mojej myśli, kiedy usłyszałam głos Ksawerego:

– Są!

– Gdzie?

– O tam, zobacz! – powiedział, pokazując palcem u prawej ręki.

I wtedy ich zobaczyłam. Wyglądali dokładnie tak samo jak sześć lat temu, kiedy ich spotkałam po raz pierwszy. Dwie dorosłe postacie. Chowały się pod dachem pobliskiego budynku. Nie miały parasolki, nie miały nawet zimowych ubrań. Wyglądały tak inaczej na tle szarych i mokrych murów, tak słonecznie, tak radośnie. Były jak kolorowe postacie wycięte z katalogu biura podróży. Te, które swym idealnym uśmiechem sprawiają, że choć na chwilę przenosisz się do wakacyjnej rzeczywistości. Lekko przemoczone i zdezorientowane, ale uśmiechnięte.

– *¡Martina!* – krzyknęła radośnie Sara. – *¡Kristina, Javi! ¡Qué grandes son!**

Krysia stała z lekkim rumieńcem na twarzy, a Ksawery już chwycił wielką torbę, by pomóc Sarze.

– *¿Qué tienen dentro?*** – zapytałam, pokazując na olbrzymie walizki.

– *Jamón serrano, queso manchego, vino bueno y regalitos...**** – zaczęli wyliczać.

– Ale tu mamy sklepy, wszystko można kupić.

– O, nie! Nie! Nie wszystko – zaprotestowała Sara, gestykulując przy tym żywo.

Właśnie sobie uświadomiłam, jak bardzo tęskniłam za hiszpańską gestykulacją i typową mimiką.

– Pamiętam. W polskich sklepach jest wiele, ale nie wszystko. Poza tym my będziemy jeść polskie produkty, zawartość tej walizki przywieźliśmy dla was – powiedziała z uśmiechem.

– Co pierwsze: lunch czy kawa? – zapytałam, choć doskonale znałam odpowiedź.

---

* *¡Qué grandes son!* (hiszp.) – Ale wyrośliście!

** *¿Qué tienen dentro?* (hiszp.) – Co macie w środku?

*** *Jamón serrano, queso...* (hiszp.) – Szynka serrano, ser manchego, dobre wino i prezenciki (typowe hiszpańskie smakołyki).

– *Café, por favor*[*] – odpowiedzieli dwuosobowym chórem.

Usiedliśmy z Sarą w przytulnej kawiarni, zrobiło się ciepło i przyjemnie. Antonio poszedł przeparkować samochód, którym wjechał do samego centrum.

– Ach, już zapomniałam, jak przyjemne są polskie kawiarnie. Zawsze tak ładnie urządzone. I te fotele. W takim fotelu zasnęłabym bez problemu. Szkoda, że u nas, w Hiszpanii, takich nie mamy. – Sara się zaśmiała.

– Jaką kawę ci zamówić? – zapytałam.

– Dużą, z mlekiem – odpowiedziała.

Kiedy kelner przyniósł kubek kawy, zapytała:

– Co to jest?

– Kawa – odpowiedziałam.

– Taka kawa?

Wybuchnęłyśmy śmiechem. No tak, zapomniałam już, że w Hiszpanii nie pija się kawy w kubku, tylko zawsze w filiżance. Czasem większej, czasem mniejszej, ale nigdy wielkości kubka. W tym momencie do lokalu wszedł Antonio.

– Zaparkowałem przy bocznej uliczce. Idę zamówić sobie kawę… A to co? Co ty zamówiłaś, zupę mleczną? – Z zaciekawieniem zaglądał do wielkiego kubka.

– Zamów sobie lepiej espresso – powiedziała Sara z uśmiechem – bo też dostaniesz zupę mleczną.

Uwielbiam spędzać z nimi czas. Każdą minutę ich towarzystwa. Są jeszcze bardziej hiszpańscy niż cała flaga Hiszpanii. Ich gesty, słowa, wygląd. Kiedy przylatują do Polski, przywożą ze sobą całą andaluzyjską aurę. Potrafią zmienić klimat nie do poznania.

---

[*] *Café, por favor* (hiszp.) – Poprosimy kawę.

A ja zawsze zatracam się w nim bez pamięci. Tak samo było tym razem. Już sama nie wiedziałam, czy to oni przylecieli do Polski, czy wszyscy przenieśliśmy się w miejscu i czasie i siedzimy w południowej Hiszpanii, w centrum Sevilli.

– Nic się nie zmieniliście, nic – powiedziałam, patrząc na moich hiszpańskich przyjaciół.

– Wy też nie, nawet kolor skóry macie biały jak zawsze – powiedziała żartem Sara, przykładając swoją dłoń do ręki Ksawerego.

– Bo nie widziałaś nas, ciociu, na Malcie! – zaprotestował.

– Tu, w Warszawie, zbledliśmy. Zobacz, ciociu, my nigdy tacy biali nie byliśmy – dodała po hiszpańsku Krysia, dokładając swoją rękę do kompletu.

– Krysiu, a ty pamiętasz *Cinco lobitos*? – zapytała Sara.

Moja córka lekko się zarumieniła. *Cinco lobitos* to piosenka, którą Sara śpiewała dzieciom sześć lat temu.

– *Cinco lobitos tiene la loba*... – zaśpiewały razem, a ja siedziałam i ich obserwowałam.

Łzy same napływały mi do oczu. Nie mogłam uwierzyć, że czas tak szybko biegnie. Doskonale pamiętam, jak Sara pojawiła się w naszym mieszkaniu, a wraz z nią cała Andaluzja: muzyka, śpiew, tańce, poranne cortado, croquetas* na lunch i tortilla de patatas na kolację. Sara nie uczyła dzieci języka hiszpańskiego. Ona nas wszystkich przeniosła do Hiszpanii. Mimo że mieszkaliśmy wtedy w centrum Poznania, w naszym mieszkaniu królował tylko język hiszpański. Żyliśmy, jedliśmy, piliśmy, śpiewaliśmy, a nawet odpoczywaliśmy po hiszpańsku.

---

* Croquetas – hiszpańskie krokiety robione z ziemniaków.

I dziś, po sześciu latach, dzięki odwiedzinom Sary powróciły wszystkie wspomnienia. Krysi pierwszy wyraz – *zapato**, zapach cola cao na śniadanie.

Na te dwa krótkie dni w naszym mieszkaniu ponownie zagościły hiszpańskie rytuały. Krysia i Ksawery czerpali z nich całymi garściami. W podziękowaniu zabraliśmy naszych gości na spacer po Warszawie, pokazaliśmy im najważniejsze punkty stolicy i poczęstowaliśmy ich tradycyjnymi pierogami i herbatą na warszawskiej Starówce.

– Herbata? Tak od rana? – zdziwiła się Sara, kiedy pani w restauracji zaproponowała ciepłe napoje.

– Herbata z cytryną, jesienna z dziką różą, herbata z prądem… – wyliczała kelnerka.

– Z prądem? – Oczy Sary wyraziły jeszcze większe zdziwienie.

– Z alkoholem – wyjaśnił jej Antonio. – Na rozgrzanie, na przeziębienie – dodał.

Sara złapała się za głowę.

– A tamten stolik co pije? – Pokazała na siedzącą obok parę.

– Grzane piwo z cynamonem, goździkiem…

– Piwo? Grzane? Antonio, wiedziałeś o tym?

– Wiedziałem, próbowałem nawet kiedyś. Wiesz, bo tu jak jest zimno… – Zaczął się tłumaczyć, jakby sam był zamieszany w to przestępstwo picia gorącego piwa.

– Mieszkałam przecież w Polsce, ale ja nawet o tym nie słyszałam.

– Bo przyjechałaś z maleńką córeczką. Cały swój czas poświęciłaś jej adaptacji w nowym kraju – powiedziałam i też poczułam się winna tej zbrodni podgrzania piwa i dolania alkoholu do herbaty.

---

* *Zapato* (hiszp.) – but.

– I z nami byłaś, ciociu – zauważył trafnie Ksawery.

– To jest bardzo ważne, poświęcałaś też czas adaptacji naszych dzieci do Hiszpanii, którą nam stworzyłaś. – Zaśmiałam się. – Poprosimy grzane piwo dla tej pani! – powiedziałam w kierunku sympatycznej kelnerki.

– Dobrze, że przylecieliśmy – szepnęła Sara do Antonia. – Czegoś nowego się nauczyłam.

– Dobrze, że przylecieliście, brakowało nam was – dodałam, ściskając ich dłonie.

Sarze łzy stanęły w oczach, spojrzała na dzieci, wzięła Krysię na kolana.

– Pamiętajcie, że tam, w dalekiej Hiszpanii, macie swój dom. Możecie przylecieć, kiedy tylko chcecie. Zawsze będę na was czekała. Jesteście naszą rodziną.

Teraz i moje oczy się zaszkliły. Chciałam zatrzymać czas, chciałam, by zostali z nami dłużej. Ale wiedziałam, że to niemożliwe.

– Cudownie, że przylecieliście teraz, i cudownie, że pojawiliście się sześć lat temu w naszym życiu – powiedziałam, ściskając ich na lotnisku. – *Muchas gracias*[*].

– *A ustedes*[**] – odpowiedziała typowo po hiszpańsku Sara, trzymając chusteczkę w ręku. – *Hasta la proxima*[***] – dodała i szybkim krokiem skierowała się w stronę odprawy bagażowej, a zaraz za nią olbrzymia walizka wypełniona polskimi smakołykami, prezentami i laurką przygotowaną przez Krysię.

---

[*] *Muchas gracias* (hiszp.) – Dziękuję bardzo.

[**] *A ustedes* (hiszp.) – To my dziękujemy.

[***] *Hasta la proxima* (hiszp.) – Do następnego razu.

Rozdział 13

Świąteczny czas

Jest taki szczególny moment w roku. Moment, kiedy bardziej tęsknimy za rodziną, zwłaszcza gdy mieszkamy daleko. Mowa tu oczywiście o Bożym Narodzeniu. Większość świąt spędziliśmy poza granicami kraju. Wiemy zatem doskonale, co to znaczy tęsknić za najbliższymi. Ale zawsze mieliśmy siebie i to był nasz priorytet. Doskonale zdawałam sobie sprawę, że nie każdy ma to szczęście.

Kiedy mieszkasz na emigracji, poznajesz dziesiątki osób, które wyjechały do innego kraju i zostawiły rodzinę w ojczyźnie. Bardzo często odległość jest tak duża, że nie mogą oni wrócić na święta. Tradycją naszą było zapraszanie takich osób na wieczerzę wigilijną. Gościliśmy przy stole ludzi z różnych części świata, dając im radość i tym samym wzbogacając siebie. W tym roku miało być zupełnie inaczej. Święta miałam spędzić z dziećmi w Polsce. Nie tylko ja się cieszyłam.

– A śnieg? Będzie śnieg?

– I żywa choinka?

– A pojedziemy do babci?

– A jak poinformujemy Świętego Mikołaja, że nie ma nas na Malcie?

Pytaniom i radości nie było końca. Tak dawno nie spędzaliśmy świąt w Polsce, że dzieci nie pamiętały już, jakie to uczucie. Była to dla nich wielka frajda. Ja jednak wiedziałam, że święta nie będą w tym roku dla nas łatwe. Tym razem to my mieliśmy spędzać ten czas osobno. Okazało się, że Sebastian nie może przylecieć do Polski. Wiedziałam, że przez wiele miesięcy mogę odgrywać rolę taty i mamy w jednym, ale w trakcie świąt nie dam rady. Jest to niemożliwe. Miałam więc bardzo mieszane uczucia. Z jednej strony radość, że spędzimy ten czas w Polsce, z drugiej jednak smutek. To była absurdalna sytuacja, ponieważ w swoim kraju czułam się jak te wszystkie osoby, które gościłam u siebie w domu. Czułam się jak emigrantka.

Kiedy co roku spędzaliśmy święta na Malcie wśród zielonych palm, w pełnym słońcu, zawsze tęskniliśmy za Polską, śniegiem, mrozem i zapachem karpia (którego oczywiście zawsze można było zamówić, ale bardzo rzadko udało mu się dopłynąć na czas – w dokładnym tego słowa znaczeniu). Kiedy zaś mieliśmy spędzić święta w Polsce, tęskniłam za palmami obłożonymi kolorowymi świątecznymi lampkami, corocznym poszukiwaniem czerwonych buraków, by ugotować barszcz, za maltańską tradycją, smakiem christmas log*, tymi wszystkimi okrzykami „*Merry Christmas!*". Nigdy nie przypuszczałabym, że będę za tym wszystkim tęsknić.

– Wiesz, Martyna, bo to już tak jest z nami, emigrantami. Kiedy w sercu nosisz więcej niż jedną ojczyznę, zawsze będziesz za czymś tęsknić – słyszałam często od mojej przyjaciółki. – Ja mam tak samo. Kiedy wsiadam do samochodu, by jechać do

* Christmas log – tradycyjne maltańskie ciasto przygotowywane zawsze w okresie świątecznym.

Polski, łzy szczęścia płyną mi po policzkach. Kiedy jednak przekraczam polską granicę, tęsknię. Kiedy jestem tu, chcę być tam, kiedy jestem tam, chcę być tu. Tęsknię zawsze.

Myślę, że jest to uczucie znane wszystkim podróżnikom, emigrantom i współczesnym nomadom. Wewnętrzne rozerwanie i stała tęsknota.

Postanowiłam zrobić wszystko, by docenić czas w Polsce, by dzieci nie odczuwały nostalgii i by w pełni potrafiły wykorzystać ten czas. Nie wiemy przecież, kiedy następnym razem będziemy spędzać tu święta. Musi być idealnie.

Okres świąteczny postanowiliśmy rozpocząć dużo wcześniej. Już na początku grudnia zaprosiliśmy dziadków na weekend do Warszawy. Przygotowaliśmy mikołajkowe upominki i świąteczne koszulki.

– Babcia! Dziadzio! – krzyknął znany duet pod Pałacem Kultury i Nauki, skąd odbieraliśmy naszych gości.

– Witamy na świątecznym weekendzie w stolicy! – krzyknęłam na powitanie. – Pojedziemy do domu, by się przebrać, chwilę odpocząć po podróży, a wieczorem zapraszamy was na kolację. Oczywiście świąteczną.

– O tak, pojedźmy najpierw do domu, bo mam w torbie całe pudło świeżutkich pierników, które trzeba ozdobić – powiedziała babcia.

– Jej! Pierniki! A czy pierogi też, babciu, dla nas zrobiłaś?

– Oczywiście, że mam pierogi.

To są właśnie momenty, których nie da się przecenić. Babcia, która spontanicznie przyjeżdża na zaproszenie do Warszawy, a przy okazji ma w torbie słoik domowego dżemu, paczkę pierogów i jeszcze ciepłe pierniki.

Pojechaliśmy do domu. Goście zajęli się przygotowaniami do wieczornego wyjścia, dzieci malowały pierniki, a ja poszukiwałam klimatycznej knajpki na świąteczny wieczór. Może trochę na ostatnią chwilę, ale to był jeden z bardziej spontanicznych pomysłów, a takie charakteryzuje brak organizacji. Co również może być plusem. Tak więc poszukiwałam czegoś wyjątkowego, cudownego i świątecznie idealnego.

– Dzień dobry, czy jesteście państwo dziś otwarci? – zadałam dość głupie pytanie, dzwoniąc do jednej z restauracji, która mieściła się w drewnianej chacie tuż obok Parku Moczydło.

– Tak, oczywiście – odpowiedziała lekko zdziwiona pani z obsługi.

– Cudownie, a czy napaliliście już w kominku? – Drugie pytanie po tym pierwszym nie brzmiało już tak dziwnie.

– Tak, napaliliśmy. Jest ciepło i klimatycznie – usłyszałam odpowiedź, która była reklamą samą w sobie. – Dla ilu osób przygotować stolik przy kominku?

– Dla pięciu poprosimy. Będziemy u państwa koło dziewiętnastej – powiedziałam i odłożyłam telefon.

– Wyjeżdżamy dopiero na dziewiętnastą? – zapytała z żalem w głosie Krysia.

– Nie, oczywiście, że nie. Wyjeżdżamy już teraz. Musimy najpierw zmarznąć, by później ogrzewać się przy ognisku.

– Zmarznąć? – zapytał Ksawery.

– To gdzie jedziemy zmarznąć? – wtórowała mu siostra.

– Jak to: gdzie? Na lodowisko!

– Jej! – krzyknęła Krysia.

– Tak! Chodźmy na lodowisko. – Ksawery również wyraził swój zachwyt.

W Warszawie w okresie zimowym jest wiele lodowisk, ale tego wieczoru chciałam wszystkich zabrać na to wyjątkowe. Udaliśmy się na Stare Miasto. I był to strzał w dziesiątkę. Już od Barbakanu przywitał nas iście świąteczny klimat. Stragany pachnące gorącymi oscypkami, mieniące się od bombek choinki, migoczące światełka i świąteczna muzyka w tle.

– Jak tu pięknie! – zawołała babcia.

– Mówiłam, że zapraszamy na świąteczny weekend.

Ani się obejrzałam, a Krysia i Ksawery zakładali już łyżwy i wchodzili na okrągłe lodowisko, które znajdowało się w samym centrum jarmarku.

– Czy oni potrafią jeździć? – zapytał niepewnie dziadek.

– Nie, ale myślę, że im to nie przeszkadza. Czekali na ten moment bardzo długo. Nie mogą go teraz zepsuć sobie takim drobiazgiem jak nieumiejętność jazdy na łyżwach. – Zaśmiałam się. – Dla kogo grzane wino? – zapytałam.

Dziadek od razu powiedział, że on będzie kierowcą, a babcia nie zdążyła nic odpowiedzieć, bo już trzymała kubek z aromatycznym grzańcem.

– Ach, ten zapach – westchnęła.

– Padający biały puch, świąteczna muzyka z głośników, para z ust, zapach goździków, miodu i cynamonu skąpanego w czerwonym winie – powiedziałam rozmarzona. – Brakowało mi tego.

– A na Malcie albo w Hiszpanii nie pije się grzanego wina?

– Pije, pije, ale nawet nie jest dobre. – Zaśmiałam się ponownie.

– Poważnie?

– Tak jak białe wino najlepiej smakuje, kiedy pijemy je z widokiem na Morze Śródziemne, tak grzane wino pyszne jest tylko w Polsce – dodałam.

Po godzinnym szaleństwie na łyżwach Krysia i Ksawery wrócili z czerwonymi nosami i zmarzniętymi dłońmi. Ale przecież o to chodziło. Kupiłam im po kubku gorącej czekolady. Wiem, że nie powinnam serwować słodkości tuż przed kolacją, ale przecież to był weekend świąteczny. Czasami warto nagiąć zasady, szczególnie w taki wieczór jak ten. Miało być przecież idealnie.

Kilka minut po dziewiętnastej staliśmy już w progu restauracji. Zmarznięci i głodni. Czyli tak, jak było zaplanowane.

– Dobry wieczór, stolik dla państwa już czeka – zaprosiła nas do drewnianej chaty uśmiechnięta kelnerka.

Stolik faktycznie czekał: przy samym ognisku, piękny, drewniany, przykryty czerwonym obrusem i ozdobiony gałązką świerku. Bo miało być przecież idealnie.

Cały weekend minął nam tak szybko, że nawet nie zauważyliśmy kiedy. Gdzieś pomiędzy zimowymi spacerami, gorącą czekoladą i opowieściami o Świętym Mikołaju. W poniedziałek już musieliśmy się pożegnać. Tego dnia zniknął też śnieg.

– Nawet nie zdążyliśmy pojeździć na sankach – zaprotestowała Krysia, kiedy żegnała dziadków.

– Krysiu, nie martw się, to dopiero początek zimy – uspokajałam ją.

– A jeśli śnieg już nie spadnie?

– To go sobie namalujemy na szybach – zaśmiał się Ksawery.

– O nie, w tym roku nic nie będziemy malować. Jesteśmy w Polsce, nie musimy robić sztucznego śniegu, a kiedy będziemy jechać na święta do dziadków, nie będziemy musieli ograniczać się z bagażami i ważyć walizek – odparłam z uśmiechem.

Z tego drugiego cieszyłam się najbardziej.

Dwa tygodnie później pakowaliśmy już samochód, kupowaliśmy ryby i bakalie, piekliśmy makowca.

– Mamusiu, a czy możemy wziąć ze sobą sanki? – zapytała Krysia.

– Przecież nie ma śniegu – odpowiedziałam lekko zdziwiona.

– Ale zawsze może spaść. Musimy być przygotowani – rzekła całkiem poważnie.

– Kochanie, sanki zajmą nam cały bagażnik w samochodzie. A mamy do zabrania też inne priorytetowe rzeczy.

– Mamy coś bardziej priorytetowego niż sanki?

No tak, każdy ma swoją hierarchię wartości. Karp, śledź, makowiec i prezenty świąteczne stanęły na drugim miejscu, dopiero za sankami.

– Bez sanek nie jadę – oznajmił Ksawery.

Nie miałam wyboru. Święta miały być idealne pod każdym względem. Zainstalowałam bagażnik na dachu i zapakowałam na niego sanki. Ustawiłam je do góry płozami, aby w środek zapakować śledzie, karpia i makowiec. Sanki pojechały, Ksawery też.

Wigilia minęła nam bardzo rodzinnie i uroczyście. Włożyliśmy swoje świąteczne sweterki. Co roku o nich pamiętamy, choć już sama nie wiem, czy to tradycja angielska, czy maltańska, czy może zaciągnęliśmy ją jeszcze z innej kultury. Usiedliśmy pod drzewkiem, by zrobić sobie wigilijne zdjęcie.

– Babciu, jaką ty masz piękną choinkę! Czy jest żywa? – zachwycił się Ksawery, dotykając ręką igieł.

– Oczywiście, że żywa.

– Na Malcie takich ładnych nie mamy. A skąd ją wzięłaś?

– Z lasu.

– Na Malcie też lasu nie mamy – stwierdził smutnym głosem.

– Ale mamy palmy i też świecą na święta – dodała optymistycznie Krysia.

Spróbowaliśmy dwunastu potraw i cieszyliśmy się czasem spędzonym razem.

W pierwszym dniu świąt zostaliśmy zaproszeni na audycję radiową, by opowiedzieć o maltańskich świętach.

– Ja chcę założyć czapeczkę elfa.

– Nie, to moja czapka, ja ją założę!

– Ty załóż rogi Rudolfa.

– Nie chcę być Rudolfem!

– Wy jeszcze niegotowi? Przecież już czas na nas – próbowałam zażegnać spór, pokazując palcem zegar wiszący na ścianie.

– Ale ja nie chcę być dziś Rudolfem.

– Dobrze, to ja będę Rudolfem – powiedziałam i włożyłam na głowę rogi leżące na stole. – Jak wyglądam?

– Ty zawsze wyglądasz ładnie, ja chcę założyć czapeczkę elfa.

– Załóż Mikołaja, ja będę elfem.

– Jeśli nie potraficie się pogodzić, to nie bierzemy tych gadżetów do radia.

– Jak to: nie bierzemy? Na Malcie zawsze je nosiliśmy, do szkoły i na plac zabaw. Święta bez gadżetów to nie święta – zaprotestował Ksawery.

– I jak jechaliśmy na lody do Valletty, to też je nosiliśmy – stwierdziła Krysia. – Czy w tym roku również pojedziemy na lody?

– Obawiam się, że nie, Krysiu. Jest za zimno na lody – odpowiedziałam, pakując torbę i wkładając do niej wszystkie świąteczne gadżety. – Podejmiemy decyzję na miejscu, jak się pogodzicie – dodałam.

Wsiedliśmy do samochodu. Tradycyjnie już zapomniałam, z której strony jest kierownica, więc musiałam się przesiadać. Podczas drogi trwały jeszcze nerwowe przepychanki, ale z każdym kilometrem emocje opadały. Kiedy dojechaliśmy na miejsce, było już ustalone, kto będzie reniferem, kto elfem, a kto Mikołajem. Z czerwonymi czapami, w świątecznych nastrojach i z gwiazdą betlejemską w doniczce przekroczyliśmy próg radia.

– Ojej! Wy zawsze tacy świąteczni? Takich kolorowych gości jeszcze nie miałam przed mikrofonem – przywitała nas pani redaktor, a maluchy z dumą wręczyły jej czerwony kwiatek. – Gotowi na audycję? – zapytała.

Usiedliśmy przed mikrofonami, opowiadaliśmy o tym, jak wyglądają święta na Malcie, jak wieźliśmy choinkę kabrioletem, jak barakuda była naszym karpiem i jak Święty Mikołaj zostawił ślady z białej mąki na naszych schodach.

– Bo przecież nie ma na Malcie śniegu, a gdyby wziął ze sobą z bieguna, toby mu stopniał, nie miał innego wyjścia, musiał użyć mąki – przekonywała słuchaczy Krysia.

Obserwowałam maluchy, gdy mówiły odważnie do mikrofonu, wspominały Maltę z wielkim sentymentem i uczuciem, ale cieszyły się, że są w Polsce. Udało nam się znaleźć złoty środek w naszej tęsknocie. Spędziliśmy wspaniale rodzinne, tradycyjnie polskie święta z maltańskimi akcentami. A co najważniejsze – drugiego dnia świąt spadł śnieg. Prawdziwy, biały, mrozem pachnący, puszysty śnieg. Wyjęliśmy sanki z bagażnika. Było idealnie. Tak jak miało być.

Rozdział 14

Góry, narty i to coś

– Martyna, jedziemy do Szczyrku? – zapytała swoim pełnym optymizmu głosem moja koleżanka Kasia.

Siedziałam z telefonem przy uchu i próbowałam zebrać myśli.

– Szczyrku? My razem? Ale ty jesteś na Malcie, a ja w Warszawie.

– No właśnie. I spotkamy się w Szczyrku!

– Kasia, a co my tam będziemy robić?

– Jak to: co? Na nartach jeździć i pić grzane wino.

– Ale ja nie umiem jeździć na nartach.

– Ale grzane wino umiesz pić.

To był jeden z naszych spontanicznych, zupełnie nieplanowanych wyjazdów. Jeden z tych pomysłów, które negujesz przez pierwszych pięć minut, ale w szóstej zaczynasz pakować walizki, a w siódmej namawiasz na to szaleństwo rodzinę i znajomych.

Kasia zaproponowała termin sylwestrowy. Nie byłam do niego przekonana. Święta spędzaliśmy z rodziną, która mieszka w różnych częściach Polski. Aby zrealizować ten pomysł, musiałam zaplanować trasę ponad sześciuset kilometrów. I niestety nie były to kilometry zrobione w kierunku Szczyrku. Wręcz przeciwnie. W ósmej minucie doszłam jednak do wniosku, że skoro sama z dziećmi mam zrobić sześćset kilometrów, by odwiedzić dziadków, mogę równie dobrze zrobić ich tysiąc czy nawet tysiąc dwieście. Tak zwany optymistyczny efekt skali.

Gdy wyjeżdżaliśmy na święta, zapakowałam nasz maleńki samochód po brzegi: sanki (których historię już nakreślałam), prezenty świąteczne, karp, makowiec, ale też ubrania do jazdy na nartach, kaski, a nawet łyżwy.

– Czy ty naprawdę zamierzasz jechać sama z dziećmi przez pół Polski w góry? Przecież wy nawet nie umiecie jeździć na nartach – uświadamiała mnie mama.

– Jeśli nie pojedziemy w góry, to nigdy się nie nauczymy – tłumaczyłam jej. – A poza tym spędzimy fantastycznie czas z naszymi przyjaciółmi z Malty. Tęsknimy za nimi i spotkanie w polskich górach jest rewelacyjnym pomysłem.

– Ale to tak daleko. I pewnie nie do końca bezpiecznie, łańcuchy na koła masz? – odezwał się tata.

– Daleko? Daleko to było, gdy leciałam do Stanów Zjednoczonych. Szczyrk jest dużo bliżej. Krysia i Ksawery są Polakami, ale całe swoje życie spędzili na wyspie, gdzie nie ma gór, śniegu, strumyków, jezior ani kolejek linowych. Zimowy wyjazd w góry będzie wspaniałym doświadczeniem i niezapomnianą przygodą – odpowiedziałam pewnym głosem.

Te łańcuchy jednak nie dawały mi spokoju.

– Halo, Kasia? Czy ja potrzebuję łańcuchów?

– Nie, chyba nie. Nie wiem, bo na Malcie jestem.

– No tak. Na Malcie nie są potrzebne. Ale jak myślisz? Będzie tak dużo śniegu w Szczyrku, że mogą się przydać?

– Ja liczę, że będzie bardzo dużo śniegu, ale łańcuchy chyba się nie przydadzą.

– To dobrze, bo moje zostały na Malcie.

– Martyna, czy ja dobrze słyszę? Czy ty łańcuchy do jazdy po górach, w śniegu, trzymasz na wyspie? Nad Morzem Śródziemnym? Tu, gdzie nigdy nie padał śnieg?

– Wiem, że to brzmi absurdalnie, ale tak. Ostatnim razem, kiedy je miałam w samochodzie, jechaliśmy zimą z Polski przez Szwajcarię na Maltę. Wracaliśmy do Polski latem, więc łańcuchy zostały na Malcie. Jakkolwiek by to nie brzmiało.

– Więc temat łańcuchów możesz uznać za zamknięty. – Kasia się zaśmiała.

I zgodnie z jej radą tak właśnie zrobiłam.

– Gotowi do drogi? – zapytałam moją załogę.

– Tak! – zabrzmiał radośnie mój ulubiony duet.

– To wsiadamy do auta!

– Mamusiu, kierownica nie z tej strony.

– Pamiętam, pamiętam, tylko chciałam sprawdzić, czy jesteście czujni – skłamałam.

Pożegnaliśmy świąteczny klimat, rodzinę i ruszyliśmy w stronę polskich gór. Droga minęła nam zadziwiająco szybko. Przejeżdżając przez Katowice, opowiadałam dzieciom o moich studiach i akademiku. Zawsze bardzo chętnie wracam do tych wspomnień, zauważyłam jednak, że dużo częściej to robię, kiedy jestem w Polsce. A może te wspomnienia same do mnie wtedy wracają?

– Jesteśmy w Szczyrku! – oznajmiłam, parkując pod góralską chatą.

– Już? A byłaś kiedyś w Szczyrku?

– Byłam, ale dawno temu i niewiele pamiętam.

Odebraliśmy klucz od naszego wcześniej zarezerwowanego pokoju i wybraliśmy się na spacer.

– A kiedy przyjedzie ciocia Kasia? – zapytała Krysia.

– Już niedługo – odpowiedziałam z uśmiechem. Na Malcie wprowadziliśmy polski zwyczaj i dzieci używały zwrotów „ciociu" i „wujku" w stosunku do najbliższych polskich znajomych. Zagościły one w naszym środowisku naturalnie i zostały bardzo szybko przyjęte przez wszystkie małe dzieci. Dziś, kilka lat później i kilka tysięcy kilometrów dalej, moje dzieci wciąż używały tych zwrotów. Już zawsze będę miała do nich sentyment.

Szczyrk prezentował się pięknie. Chyba jak zawsze. Szczyty górskie zasypane śniegiem, migoczące światełka, zapach oscypków, turyści uśmiechający się zawsze, kiedy cię mijają, mnóstwo straganów wypełnionych kolorowymi maskotkami i innymi suwenirami. Typowo górski klimat.

– Kiedy pójdziemy na narty? – zapytała Krysia, rozglądając się wkoło.

– Muszę znaleźć dla was szkółkę narciarską.

– Czyli?

– Takie miejsce, gdzie pan instruktor pokaże wam, jak się jeździ na nartach na oślej łączce.

– Na oślej? A musimy być na oślej? Dlaczego na oślej?

– Tak się to nazywa, to takie miejsce, gdzie wszyscy zaczynają swoją przygodę z nartami.

– I nie będzie tam osła? – upewniała się Krysia.

– Nie będzie.

– Ale za to żółte misie będą! – krzyknął Ksawery.

– Żółte misie? Skąd to wziąłeś? – zapytałam zdziwiona.

– Z tego plakatu – powiedział, pokazując olbrzymi billboard, który wyrósł nam na drodze.

– „Lekcje dla dzieci, doświadczeni instruktorzy, możliwość wypożyczenia nart" – czytałam. – O! Tego właśnie szukaliśmy – powiedziałam zadowolona.

– A ten żółty miś? – zapytała niepewnym głosem Krysia.

– To takie logo tej szkoły narciarskiej.

– Nie martw się, nie będzie tam osła, niedźwiedzia ani innego potwora – zapewniał ją Ksawery.

Pierwszy dzień był organizacyjny i bardzo spokojny. Rozpakowaliśmy walizki, zapisałam dzieci na naukę jazdy na nartach, zarezerwowałam im niezbędny sprzęt i znalazłam miejsce obok, gdzie mogę usiąść z komputerem i filiżanką kawy. Wieczorem dotarła również ciocia Kasia ze swoją rodziną, która odebrała ją z lotniska.

– Ciocia! – krzyknęła Krysia. – Jeszcze nigdy nie widziałam cię w Polsce – dodała zdziwionym głosem.

– Faktycznie, ciekawe uczucie spotkać w Szczyrku swoją koleżankę, którą zna się od wielu lat z Malty – przyznałam.

– Jakie plany na jutro? – zapytała.

– Zabukowałam maluchom narty na rano, na lunch będziemy już wolni.

– Więc dam wam znać, na którym stoku będziemy jeździć, i spotkamy się tam, by razem zjeść.

– Bardzo fajny pomysł.

Na drugi dzień z samego rana stawiliśmy się w szkółce narciarskiej. Tam pan instruktor upewnił się, że maluchy mają odpowiednio dobrany sprzęt.

– Czy dla pani również naszykować narty? – zapytał całkiem poważnie.

– Jeszcze nie dziś. Może jutro... – odpowiedziałam, przyglądając się grupie pięciu adeptów, których suma wieku nie przekraczała czterdziestu lat.

– Wszyscy gotowi? – zapytał instruktor, biorąc do ręki wielkie, puchowe, żółte czapy wyposażone w misiowe uszy.

– Co to? – zapytał Ksawery.

– To są czapy, które założę wam na kaski, aby było wam ciepło – odpowiedział.

Krysia popatrzyła na brata. Widziałam po jej minie lekkie przerażenie. Ksawery wybuchnął śmiechem, a pan instruktor jak powiedział, tak zrobił i nagle przed nim stanęło pięć żółtych niedźwiadków.

– Idziemy na plac zabaw – padło hasło.

– A nie na stok? – zapytała Krysia.

– Zanim gdziekolwiek pójdziecie, musimy opanować podstawy. I zrobimy to na placu zabaw.

– Jej! – zawołała uradowana Krysia.

Plac zabaw był doskonale przygotowany. Dzieci wjeżdżały gumą na małą górkę, z której zjeżdżały, czasem musiały ominąć chorągiewkę czy dotknąć jakiegoś przedmiotu. Prawdziwy plac zabaw na śniegu. Z głośników dobiegała piosenka zespołu Soul Control.

– *Chocolate, choco, choco, choco...*

Zostawiłam maluchy, oddaliłam się na odległość kawiarni, gdzie przez okno widziałam, jak Krysia porusza się w rytm utworu *Chocolate*. W olbrzymiej, żółtej czapie doskonale bawiła się na śniegu. Nawet przeszło mi przez myśl, by zapisać się na ten kurs. Oczyma wyobraźni widziałam siebie wspinającą się na gumie na sam szczyt niewielkiej górki, z żółtą czapą na głowie i wesoło brzmiącą, czekoladową muzyką na ustach. Uśmiechnęłam się do siebie na samą myśl. W tym momencie zaczęłam żałować, że nie nauczyłam się nigdy jeździć na nartach. Kiedy byłam dzieckiem, nie miałam takich możliwości, a gdy stałam się dorosła (a przyszło to niepostrzeżenie), wyjechałam z Polski i jakoś tak się zawsze składało, że zimę spędzałam w krajach, gdzie nie było śniegu.

– Przyjdzie dzień, że nadrobię zaległości – powiedziałam do siebie – ale może jeszcze nie teraz.

„Bo co by się stało, gdybym na przykład skręciła lub złamała nogę?" – pytałam siebie w duchu. Kto zająłby się dziećmi? Kto wróciłby jako kierowca do Warszawy? Kto wróciłby do szeregu obowiązków, jakie czekają na nas w stolicy? Wszystkie te pytania spłynęły w jednej sekundzie, tak że sama nie miałam argumentów, by się przed nimi bronić.

– Narty, stolica i obowiązki... Tak, ale nie teraz. Teraz gorąca kawa i chwila odpoczynku – zarządziłam sama przed sobą, zamawiając pyszny napój.

Każdy dzień w Szczyrku wyglądał podobnie. Poranki spędzaliśmy w budynku szkoły, lunche już na stoku, a wieczory w góralskich chatach, przy głośnej muzyce, pieczonych pstrągach i oscypkach. A dzieci spędzały cudownie czas w towarzystwie Eryka, syna Kasi. To pierwszy Polak, którego poznały na Malcie. To ich pierwszy kolega do zabaw. Ten, z którym zbierali kraby, w przebraniach świętowali coroczny karnawał, wszystkie swoje urodziny. Wiele razy razem płakali i razem się śmiali. Mieli wspólne sekrety i pierwsze tajemnice. I mimo że Eryk był jednym z wielu kolegów, z którymi rozmawiali najczęściej po angielsku, darzyli go szczególną sympatią. Może dlatego, że był przesympatyczny, a może dlatego, że mimo swojego maltańskiego urodzenia czuł się w jakimś stopniu

Polakiem tak jak Krysia i Ksawery. To ich łączyło. Zaobserwowałam, że w Szczyrku rozmawiali ze sobą po polsku. Cudownie było ich obserwować, jak się pierwszy raz bawią razem w Polsce.

– Zamówiliśmy gofry – oznajmili pewnego wieczoru.

– Super, z czym? – zapytałam.

– Z dżemem, czekoladą, a dla mnie z tym... – Ksawery nie mógł znaleźć odpowiedniego wyrazu.

– Z tym białym proszkiem – dodał Eryk.

Nie będę tu zdradzała wszystkich moich myśli, które przebiegły mi w tym momencie przez głowę. Z całą pewnością nie były jednoznaczne.

– Białym proszkiem? – zapytałam.

– To się nazywa... – zaczęła Krysia, która również miała problem z wysłowieniem się.

– Więc jak tego gofra zamówiliście, skoro nie wiedzieliście dokładnie, co chcecie powiedzieć?

– Powiedzieliśmy pani, że chcemy gofra posypanego cukrem – odpowiedział z dumą Ksawery.

– A ja dodałem, że *powder*[*] – wtrącił Eryk.

– A ja powiedziałam, że taki *sugar* puder.

– Pani chwilę się zastanowiła, ale chyba zrozumiała, bo powiedziała: „Tak jest, cukier, *sugar*, puder, *powder*" – powiedział Ksawery.

– Świetnie sobie poradziliście z tym zamówieniem. – Zaśmiałam się.

– No... Dobrze, że poszliśmy w trójkę.

---

[*] *Powder* (ang.) – puder.

I tak nam minął cały tydzień w śnieżnym Szczyrku. Mimo że nie potrafiłam jeździć na nartach, cudownie się bawiłam, jeżdżąc kolejką linową, obserwując postępy dzieci, robiąc kule śnieżne i pijąc grzane wino.

– Wiesz, że kiedyś zrobiłam grzane wino na Malcie? – zwierzyłam się Kasi.

– Poważnie? I co?

– Tak, parę lat temu, w sylwestra usiedliśmy z Sebastianem na dachu naszego domu z widokiem na Morze Śródziemne. Było nawet chłodno, okryliśmy się kocami i wzięliśmy do ręki gorące kubki z winem.

– Tyle lat mieszkam na Malcie, ale grzanego wina tam nie piłam. Dobre było?

– Wcale. – Zaśmiałam się. – Okropne!

– Dlatego właśnie tu przyjeżdżam co roku. By spotkać się z rodziną i pooddychać górskim powietrzem. Tu jest zawsze tak fajnie.

– I grzane wino smakuje tak, jak powinno – powiedziałam, podnosząc kubek.

– Tak, jak powinno, to fakt.

– Jest tak cudownie inaczej – dodałam i się zamyśliłam.

Kasia przywiozła ze sobą maltański optymizm i świeży powiew wiatru. Cudownie było ją spotkać po kilku miesiącach. Opowiadała, co też ciekawego wydarzyło się w naszym maltańskim miasteczku, jakie nowe restauracje powstały przy promenadzie, jakie pomysły weszły do maltańskiego szkolnictwa. Cudownie się jej słuchało.

– Nie tęsknicie? – zapytała.

– Oczywiście, że tęsknimy. Cudownie jest w Polsce, spędzamy tu świetnie czas, dużo się uczymy, ale tęsknimy za tym krzykiem w autobusach*, za zapachem pastizzi**, za plażą, palmami i przede wszystkim za wami.

– Za Maltę – powiedziała Kasia, podnosząc wyżej kubek z grzanym winem.

– Za przyjaciół – dodałam.

– Kiedy wracacie?

– Jeszcze nie wiem, tyle planów, spotkań przed nami. Dzieci super się odnalazły w polskiej szkole. Nie wiem, czy chcę je zabierać w połowie roku. Może zostaniemy do wakacji?

– A jak ty sobie radzisz? Sama z dziećmi i tym całym szaleństwem związanym z wydaniem książki.

– Wiesz, są momenty, kiedy nie mam siły i zasypiam na kanapie w butach. Ale wtedy przychodzą Krysia z herbatą w ręku i Ksawery z poduszką. Kładą się obok mnie i wiem, że razem damy radę.

– Najważniejsze, że spełniasz swoje marzenia. Pamiętaj, że szczęśliwa mama to szczęśliwe dzieci.

---

* Mieszkańcy wyspy bardzo głośno ze sobą rozmawiają. Szczególnie wyczuwalne jest to na małych powierzchniach takich jak autobusy.

** Pastizzi – maltańska przekąska, pieczone ciasto wypełnione serem ricotta lub zielonym groszkiem.

Rozdział 15

Ferie zimowe

Poniedziałek, 10 stycznia 2022 r.

Kilka dni temu dzieci wróciły do szkoły, a ja do pracy na pełnych obrotach. Najpierw rozleniwiło mnie to świąteczne szaleństwo. Później nasz wyjazd w góry, te wszystkie kwaśnice i pstrągi z pieca sprawiły, że trudno mi było wrócić do normalności. Samochód rozpakowywałam trzy dni. Na raty. Kolejne dwa robiłam pranie.

Jak to dobrze, że te szalone wypady są tak rzadko. Człowiek musi przecież odpocząć trochę w stabilnym życiu, z kawą w ręku, na własnej (co prawda wynajętej) kanapie. Długo na niej dziś nie posiedzę, bo przecież muszę odpisać na te wszystkie maile, nadrobić zaległą pracę, ale polską herbatę z miodem i cytryną chętnie wypiję.

Wtorek, 11 stycznia 2022 r.

– Ferie? Jakie ferie? – Mało nie zachłysnęłam się kawą, kiedy usłyszałam tę nowinę, gdy siedziałam z Ewcią w kawiarni.

– No ferie zimowe teraz będą. Cała Polska się na nie przygotowuje – kontynuowała przyjaciółka, bez której moje lądowanie w polskim systemie edukacji nie byłoby takie miękkie.

– O rany, ferie zimowe! No tak, ferie zimowe! – krzyknęłam, jakbym odkryła Amerykę.

– Czy ty masz telewizor w domu?

– No właśnie nie mam.

– A wiadomości w Internecie nie śledzisz?

– Tak, wiesz... ostatnio nie miałam za bardzo na to czasu.

– Na Malcie nie ma ferii zimowych?

Popatrzyłam na Ewcię z uśmiechem.

– Ani zimy, ani ferii.

– A nie pamiętasz z lat szkolnych?

– Wiesz, kiedy chodzisz do szkoły, to ci się wydaje, że nie masz w ogóle wolnego, że dni na lekcjach się dłużą, a jak już masz wolne od zajęć, trwa to tylko chwilę. Nie przypominam sobie, żeby zaraz po przerwie świątecznej od razu były ferie. Pamiętam, że to był czas ostrej nauki przed wystawieniem ocen.

– Widzisz, jak nasz mózg działa? A teraz, gdy jesteś mamą, to ci się wydaje, że dzieci ciągle mają wolne.

– A nie mają?

Ewcia zaśmiała się serdecznie.

– Nie wiem, zapytaj dzieci.

– Punkt widzenia zależy od punktu siedzenia. Ale jak mogłam zapomnieć o feriach? Szkoła znowu będzie zamknięta, a ja mam tyle pracy...

– No to się przygotuj, mamuśka. Przed tobą dwa tygodnie, które musisz jakoś zorganizować dzieciakom.

– Dwa tygodnie – powtórzyłam z lekkim przerażeniem.

Środa, 12 stycznia 2022 r.

Od wczoraj nie myślę o niczym innym, tylko o tych feriach. Zapomniałam o nich. No zapomniałam. Ale nic. Trzeba zapytać innych mam i skopiować ich pomysł. Cały świat dzieli się na ludzi, którzy tworzą, kreują i inspirują, oraz takich, którzy kopiują. To jest wspaniałe. Kiedy nie masz czasu na kreowanie, kopiowanie wydaje się cudownym rozwiązaniem.

Piątek, 14 stycznia 2022 r.

Przez ostatnie dwa dni przeprowadzałam wywiad środowiskowy. Większość rodzin jedzie na narty, inni jadą w góry, a pozostali jadą na narty w góry. Niestety nie skopiuję nikogo, ponieważ nie mogę sobie teraz pozwolić na kolejne dwa tygodnie wolnego. Poza tym jeszcze do siebie nie doszłam po naszym ostatnim wyjeździe, który był przecież dwa tygodnie temu. Dwa tygodnie!

Sobota, 15 stycznia 2022 r.

Dziś wstałam wcześniej niż zwykle. Zanim zrobię nasze sobotnie śniadanie, chciałam poszukać rozwiązania mojego problemu. Siedzę przed komputerem i rozmyślam. Piję kawę. Nic mi do głowy nie przychodzi. Skoro plan A (ten z kopiowaniem) zawiódł, musi gdzieś w otchłani Internetu istnieć plan B.

– Co robisz? – zapytała Krysia, która jak typowe siedmioletnie dziecko w sobotę musiała wstać o świcie.

– Zastanawiam się, co będziemy robić w ferie.

– A co to są ferie? – zapytała.

– To takie jakby wakacje, ale krótsze – odpowiedziałam.

– Takie wakacje? I szkoła będzie zamknięta?

– Tak, będzie zamknięta.

– Jej!

– Kiedy szkoła będzie zamknięta? – zawołał spod kołdry Ksawery.

– Widzę, że ta informacja obudziłaby każdego. Za tydzień – odpowiedziałam.

– Wow!

– A my? Co będziemy wtedy robić?

– No właśnie, to samo pytanie zadaję sobie od pewnego czasu – odpowiedziałam.

I pewnie razem ze mną połowa rodziców zamieszkujących stolicę. Z jednej strony, nie mogliśmy pozwolić sobie na wyjazd w góry, ponieważ czekał mnie ogrom pracy. Z drugiej jednak – to miały być pierwsze w naszym życiu ferie zimowe. Na Malcie takie nie istnieją. Dzieci cieszyły się na samą myśl o feriach, a ja nie miałam pomysłu, jak zagospodarować im czas.

– Mogę was zapisać na ferie w mieście. To są takie ferie, co się je spędza w szkole… – rzuciłam przynętę.

– Nie!!! Nie w szkole!

– Nasze pierwsze ferie w życiu i mamy je spędzić w szkole?

No tak, brzmiało kiepsko.

– Spokojnie, coś wymyślimy.

– Na narty jedźmy!

– Tak! Na narty!

Nie chciałam studzić ich zapału, ale wiedziałam, że nie możemy się ruszyć z Warszawy.

Niedziela, 16 stycznia 2022 r.

Znowu dziś nie mogłam spać. Wstawiłam pralkę. Chyba nie ma w Polsce zakazu wstawiania pralki w niedzielę? Zaparzyłam kawę. Hm… Jak wyglądało moje dzieciństwo? Co robiliśmy w ferie? Całe dnie spędzaliśmy na zewnątrz, nosy nam marzły, palce były całe czerwone, a rękawiczki mokre. Tyłki też często mieliśmy mokre. Aż uśmiechnęłam się w duchu na samo wspomnienie.

Pamiętam, jak mama wołała nas przez okno. Do dziś nie wiem, jakim cudem ją słyszeliśmy, bo przecież górka oddalona była ładny kawałek od bloku. I ten harmider, wszystkie dzieci z podwórka krzyczały i się śmiały. To były czasy. Zalałam kawę wrzątkiem. Wzięłam w dłonie gorący kubek i powróciłam do moich wspomnień. Kakao, gorąca czekolada na zmarznięte dłonie i usta. Coś wspaniałego. I człowiek nigdy nie był zmęczony i nigdy nie mówił, że nie ma już siły.

Może nic nie będę organizowała? Nam przecież też nikt czasu nie organizował. Pójdą na podwórko. Hm… tylko nie będzie tam dzieci, bo wszyscy w górach. Hm… Nart też nie mamy. Wypożyczymy. Górkę muszę znaleźć. Porządną górkę w Warszawie.

Piątek, 21 stycznia 2022 r.

Dziś piątek, dzień spotkania mojej warszawskiej grupy wsparcia. Ach, moje dziewczyny. Są niezastąpione. Co ja bym bez nich zrobiła? Zawsze ratują mnie swoimi pomysłami, ciepłym słowem, a czasami i ciepłym swetrem, jeśli jest taka potrzeba. Poznałyśmy się w różnych momentach życia, spotkałyśmy po latach w Warszawie.

Teraz widujemy się regularnie przy filiżance kawy lub lampce cavy[*] w zależności od potrzeby i okazji.

– Jeśli w Warszawie, to tylko Górka Szczęśliwicka – stwierdziła Ola. – Co wam zamówić? Może pączka do kawy zjemy?

– Ja poproszę pączka z różą – rzuciła Ilona.

– A ja z pistacją – dodała Magda.

– To dla mnie tradycyjny z maliną – odpowiedziałam, po czym stwierdziłam: – Polska jest chyba jedynym krajem, gdzie można zjeść pączka na tysiąc sposobów. To gdzie ta górka?

– Która? Szczęśliwicka? O tu, niedaleko, dziesięć minut samochodem.

– A narty można tam wypożyczyć gdzieś?

– Dziewczyny, pączki zaraz będą. Kto chce wypożyczyć narty? – Ola, która poszła złożyć zamówienie, straciła lekko wątek.

– Martyna szuka nart, a dokładnie to szuka rozwiązania dla feriowego problemu. Narty mogą nim być.

– Dla dzieciaków? No to koniecznie Górka Szczęśliwicka.

– Właśnie jej o tym mówimy.

– Tam jest szkoła narciarska, jest stok, można jeździć, nawet jak nie ma śniegu. Super tam jest wszystko zorganizowane.

– Poważnie? Narty? Stok? Szkółka? W centrum miasta? – Nie mogłam uwierzyć własnym uszom.

– Tak, byłam tam, nawet lekcje z instruktorem wzięłam.

– A przystojny był? – zapytała Magda.

W kawiarni temat sportów zimowych bardzo szybko stał się drugoplanowy, ale ja w głowie już nakreślałam plan działania. Górka była tym, czego szukałam od kilku dni. A jeśli przy okazji

---

[*] Cava – hiszpański szampan.

maluchy będą mogły podszkolić swoje umiejętności narciarskie, to wspaniałe rozwiązanie.

Poniedziałek, 24 stycznia 2022 r.

– Dzień dobry, chciałabym zapytać, czy mają państwo jeszcze wolne miejsca na półkolonie zimowe. Dwójka dzieci, osiem i dziesięć lat. Nie, nie mają kasków, nart też nie, ale za to mają dużo zapału. Za tydzień, w poniedziałek, oczywiście będziemy. Cudownie. Czy dzieci będą miały zagwarantowane posiłki? Śniadanie i obiad? Świetnie. Już nie możemy się doczekać.

– Jej! – krzyknęła Krysia. – Jedziemy w góry?

– Nie, nie jedziemy w góry, zostajemy w Warszawie, ale właśnie wam zarezerwowałam tydzień wspaniałej zabawy na Górce Szczęśliwickiej.

– I będziemy tam jeździć na nartach?

– Tak, cały dzień na nartach.

– Jej!

Zawsze się zastanawiam, z którego języka pochodzi ten okrzyk „jej!".

Poniedziałek, 31 stycznia 2022 r.

Dziś pierwszy dzień naszej przygody na warszawskiej górce. Z samego rana pogoda nas zaskoczyła.

– Śnieg! Sypie śnieg! Wstawaj, Krysia! Zobacz!

Krysia zerwała się na równe nogi.

– Wow! Śnieg! Prawdziwy śnieg, a ciocia mówiła, że w Warszawie rzadko pada.

– Bo dziś spadł na specjalne zamówienie dla was. Chodźcie na śniadanko, ciepłe placuszki czekają – zawołałam z kuchni.

Dziś jedzenie wyjątkowo szybko zniknęło z talerza, trochę dużej zajęło nam ubieranie się. Długie skarpety, odzież termoaktywna, kombinezony narciarskie, czapki, szaliki, rękawiczki. Zanim się ubraliśmy, byliśmy już spoceni.

– Czy wy w ogóle możecie się w tym poruszać? – zapytałam niepewnie.

– Jasne, że tak! Chodźmy już, bo się spóźnimy.

– Może faktycznie wyjdźmy wcześniej, bo w tym śniegu tak szybko nie pojedziemy – odpowiedziałam.

W niecałe dwadzieścia minut byliśmy na miejscu. Kwadrans przed czasem. Byłam z nas dumna, bo nieczęsto nam się to zdarza. Zaparkowałam pod samym ośrodkiem.

– Możesz nas nie odprowadzać, poradzimy sobie. – Głos Ksawerego zabrzmiał bardzo poważnie.

– Jesteście pewni? – Nie wiedziałam za bardzo, jak mam zareagować. – No dobrze, tylko plecaki weźcie, proszę – przypomniałam.

Wsiadłam do samochodu. O dziwo, z dobrej strony. Chyba się przestawiłam na polską kierownicę. Jakoś tak smutno mi się zrobiło. Kiedy oni dorośli? Kiedy stali się samodzielni? I dlaczego nastąpiło to tak szybko? Siedziałam tak chwilę, patrząc przed siebie. Zawieszona w rozmyślaniach. Już dawno zniknęli mi z oczu. Został tylko śnieg, który sypał bardzo filmowo. Płatek po płatku dotykał delikatnie szyby mojego samochodu. A z radia sączyła się cicho muzyka. Też filmowa.

Wtorek, 1 lutego 2022 r.

Dziś od rana siedzę przed komputerem i śledzę obraz z Górki Szczęśliwickiej. Ksawery wczoraj powiedział, że jest tam kamera, i kazał mi śledzić ich poczynania na nartach. Siedzę więc od godziny i patrzę w ekran. Co drugie dziecko ma czerwoną kurtkę, tak jak Krysia. A pozostałe mają niebieskozielone, tak jak Ksawery. Nie mam więc pojęcia, który z barwnych kształtów jest moim dzieckiem.

Notatka mentalna: w przyszłym roku muszę kupić im kurtki w innych kolorach.

Środa, 2 lutego 2022 r.

– Jak dziś było?

– Super! Zjeżdżaliśmy pizzą i frytkami. Samodzielnie wszystko. I śnieg sypał ciągle. Widziałaś nas?

– No właśnie próbowałam was śledzić, ale śnieg zasypał cały obiektyw kamery i nic nie było widać.

– Do niczego ta kamera. Jutro musisz z nami pojechać i nas poobserwować.

W sumie… dlaczego nie? Nie mam na jutro zaplanowanych spotkań, mogę więc wziąć komputer i popracować na miejscu. Może znajdę gdzieś kawałek stołu, a przy odrobinie szczęścia to i kawiarnię namierzę.

– Postanowione, jutro jedziemy razem, a dziś mam dla was niespodziankę.

– Lody?

– Krysiu, zimą w Polsce nie jemy lodów.

– Wiem, wiem, sprawdzałam tylko twoją czujność.

– Gorąca czekolada czeka na tych, którzy jako pierwsi umyją rączki i się przebiorą.

– Jej! Gorąca czekolada!

– Ale super, bo jesteśmy zmarznięci.

– Domyślam się.

– Skąd wiesz?

– Bo też kiedyś byłam dzieckiem i miałam ferie zimowe.

Popatrzyły na siebie dziwnie. Chyba nie do końca mi uwierzyły.

Czwartek, 3 lutego 2022 r.

Dziś spakowałam laptop i postanowiłam spędzić dzień na stoku, tylko z tej cieplejszej i bezpieczniejszej strony okna. Weszłam do kawiarni.

– Dzień dobry, czy jesteście już państwo otwarci?

– Tak, oczywiście – odpowiedział młody kelner.

– Gdzie mogę usiąść?

– Proponuję na końcu sali, przy oknie, tam będzie cisza i spokój, bo niedługo dzieci kolonijne przyjdą na śniadanie. A wie pani, dzieci potrafią być bardzo głośne.

– Domyślam się. – Pokiwałam głową, nie dając po sobie poznać, że wśród tych głośnych klientów będą również moje pociechy. – W takim razie jak najdalej od dzieci poproszę – szepnęłam.

I nie zrobiłam tego dlatego, że przeszkadza mi obecność maluchów. Po prostu nie chciałam być tą mamą, która przyszła odwiedzić swoje dzieci w czasie półkolonii. Pamiętam takie nadgorliwe mamy z dzieciństwa. Myślę, że tego typu zachowania niczemu nie służą i są nikomu niepotrzebne. A już na pewno dzieciom, które najlepiej się bawią, kiedy rodziców nie ma w pobliżu.

Kelner popatrzył na mnie porozumiewawczo i skinął głową. Poszłam za nim we wskazanym kierunku.

– Ten stolik będzie idealny – powiedział.

Był idealny. Dostałam piękny drewniany stolik w rogu, tuż przy olbrzymim oknie, z którego widać było cały stok, wszystkich narciarzy małych i dużych.

– Czy mogę zaproponować pani śniadanie?

Właśnie sobie uświadomiłam, że nic nie jadłam. Croissant do kawy może być doskonałym pomysłem.

– Tak, poproszę czarną kawę i coś małego do zjedzenia.

– Oczywiście. – Kelner zapalił świeczkę stojącą na moim stoliku i pięknie się ukłonił.

– Cudownie tu, jak miło i przytulnie – powiedziałam sama do siebie.

Wyjęłam komputer z torby i rozłożyłam go na stole. W tym momencie usłyszałam głośne śmiechy. Bardzo głośne śmiechy. Dokładnie takie same, jakie pamiętam z górki pod moim blokiem, kiedy bawiliśmy się w czasie ferii jakieś... trzydzieści kilka lat temu. Idą moje pociechy. Krysię słychać było już z daleka. Szła z koleżanką za rękę i coś jej tłumaczyła, energicznie gestykulując przy tym rękoma. Taka maltańska naleciałość. Delikatnie przesunęłam krzesło w stronę okna i schowałam twarz za ekranem komputera, upewniając się, że mnie nie widzą.

– Śniadanie dla pani – usłyszałam nagle za plecami.

Kelner dziwnie na mnie popatrzył, chyba zauważył, że się ukrywam. Przesunęłam lekko komputer, robiąc miejsce na kawę i małe co nieco. To, co jednak ujrzałam, ani nie było małe, ani nawet nie dawało się określić mianem co nieco. Otóż ujrzałam olbrzymi talerz z pięknie pachnącą jajecznicą posypaną zielonym szczypiorkiem, obok pokrojone pomidor i ogórek, liść sałaty, dżemik o smaku truskawkowym. Popatrzyłam na kelnera z przerażeniem. Nie zdążyłam nic powiedzieć.

– Ja już donoszę gorące pieczywo, masło i kawę – zaczął się tłumaczyć na widok mojej przestraszonej twarzy.

I jak powiedział, tak zrobił. Przyniósł mi koszyk z jeszcze ciepłym, chrupiącym pieczywem oraz olbrzymi kubek czarnej kawy.

– To wszystko dla mnie? – zapytałam, aby się upewnić, że nie pomylił stolika.

– Smacznego! – odpowiedział z uśmiechem.

Już zapomniałam, jak to jest, kiedy ktoś przygotuje dla ciebie śniadanie. Pyszne, gorące śniadanie, kiedy na dworze sypie śnieg. Do tego śniadanie w tak pięknej aranżacji i w prawdziwie polskim wydaniu. Przyzwyczaiłam się już do tych croissantów, które się jada nad Morzem Śródziemnym. Ale prawda jest taka, że kiedy za oknem panuje zimowy klimat, nie ma nic piękniejszego od parującej jajecznicy i ciepłej bułeczki posmarowanej masłem i dżemem truskawkowym. Do takiego śniadania nawet kawa nie musi być włoska.

– I co? Dziś nas widziałaś? – zapytał Ksawery, który wbiegł do kawiarni tuż po zakończeniu zajęć.

– Oczywiście, że was widziałam, miałam nawet najlepsze miejsce w pierwszym rzędzie.

– Poważnie? I cały czas tu siedziałaś?

– Tak jest. Byłam waszym najlepszym widzem i najlepszym klientem tej restauracji. – Zaśmiałam się. – Jedziemy do domu?

– A zrobisz nam kakao?

– Dzień ferii zimowych bez kakao to dzień stracony, chodźmy – odpowiedziałam.

Piątek, 4 lutego 2022 r.

Dziś ostatni dzień naszego narciarskiego szaleństwa. Maluchy już lekko zmęczone. Widać po nich, pozwoliłam im pospać piętnaście minut dłużej. Mimo to na miejscu byliśmy punktualnie. Dziś weszłam z nimi do ośrodka.

– Ojej, patrzcie na górkę! – krzyknęła Krysia.

– Śnieg zniknął – zauważył Ksawery.

– Jak będziemy jeździć na nartach, skoro nie ma śniegu?

– Magicznie! – szepnęłam.

Znały tę odpowiedź i nawet udawały, że wciąż w nią wierzą.

– Na magicznych nartach? – zapytała Krysia.

– I na magicznej górce. Sami zobaczycie.

Zdążyłam jeszcze ukraść im po buziaku, zanim zobaczyli kolegów i koleżanki i pobiegli do zabawy. A ja zostałam na chwilę w ośrodku. Nie miałam czasu na zjedzenie pysznego śniadania, ale usiadłam na ławeczce z widokiem na stok. Patrzyłam, jak grupa dzieci wjeżdża orczykiem na szczyt, a później wesoło zjeżdża na nartach. Każdy inaczej, każdy w swoim tempie, ale wszyscy z taką samą radością na twarzach. Radością ferii zimowych.

Rozdział 16

Karnawałowy koń

– Mamusiu, karnawał się zbliża! – zawołała Krysia, wróciwszy pewnego styczniowego dnia do domu.

– To cudownie – odpowiedziałam.

Obie miałyśmy w tym momencie przed oczami maltański karnawał. Setki ludzi ubranych w kolorowe, absolutnie zachwycające pomysłowością stroje, piękne fryzury, makijaże, zabawne buty, głośną muzykę, śpiew, taniec i radość, których nie da się opisać. Każdy mieszkaniec wyspy uwielbiał karnawał. Wiele osób nie szło wtedy do pracy. Jedni nie musieli, inni musieli, ale i tak nie szli. Karnawał na wyspie zawsze obchodzony był priorytetowo, z wielką pompą. Mieszkańcy Malty przygotowywali się do niego cały rok. Dzieci, młodzież, dorośli – wszyscy z takim samym zaangażowaniem.

Kiedy szkoła ogłaszała datę karnawału szkolnego, dzieci przychodziły nie tylko teatralnie wystylizowane, ale i ze szczególną radością w sercu. W szaleństwie karnawałowych strojów udział brali także nauczyciele i dyrekcja. Wszyscy się przebierali i świętowali. Nie sposób tego szaleństwa zapomnieć. Gdy Krysia uświadomiła sobie, że zbliża się czas karnawału, jej maltańska dusza śpiewała, a wraz z nią cała Krysia:

– *Mel' evviva l-maskerati u evviva l-ħmerijiet! Ejj' ningħaqdu lkoll mal-folol, ħa naraw il-karrijiet. Viva, viva l-karnival! Viva, viva l-karnival!**

– *Viva, viva l-karnival* – śpiewałam z nią. – Krysiu, a za kogo chcesz się przebrać w tym roku? Może uszyjemy jakiś fajny strój?

– Chcę być jeźdźcem, takim na koniu.

– Lajkonikiem? – zapytałam przerażona, oczyma wyobraźni już widziałam siebie szyjącą strój lajkonika.

– Nie, nie aż takim jeźdźcem – uspokoiła mnie. – Stroju nie musisz mi szyć, ponieważ przebiorę się w mój strój, w którym jeżdżę na koniach, ale konia musimy zrobić.

– Konia? Ale jak zrobimy konia? – zapytałam.

– Magicznie – szepnęła tajemniczo.

– Cudownie.

– Z tektury zrobimy, mam pomysł.

Sama nie wiedziałam, czy łatwiej byłoby uszyć strój lajkonika, czy zbudować konia z tektury. Sytuacja była na tyle trudna, że Krysia w głowie już miała namalowanego tego konia. Wiedziała doskonale, jak ma wyglądać.

– Będzie to koń rasy fiord, fiord norweski – oznajmiła, poszukując w przestrzeni Internetu wzorca swojego konia.

– I jak ten fiord będzie wyglądał?

– No... Jak każdy fiord – odpowiedziała całkiem logicznie.

– Rozumiem – skłamałam.

---

* *Mel' evviva l-maskerati...* (malt.) – maltańska piosenka śpiewana zawsze podczas karnawału. Znają ją wszyscy mieszkańcy wyspy, nawet ci, którzy nie umieją mówić po maltańsku. W wolnym tłumaczeniu: „Niech żyją maskarady i niech żyją wszystkie wariactwa! Dołączmy wszyscy do tego tłumu ludzi, zobaczmy uliczną paradę. Niech żyje karnawał! Niech żyje karnawał!".

– Wydrukujemy głowę i nakleimy na tekturę, później całość przykleimy do tułowia.

Prace nad koniem trwały kilka dni. Przyznam szczerze, że niewiele pomogłam, ponieważ Krysia wiedziała doskonale, jak to wszystko ma wyglądać.

– Ty nie za bardzo wiesz. Ja zrobię sama – mówiła.

Byłam więc obok, gdyby potrzebowała pomocy, miała jakieś pytanie, ale nie ingerowałam w powstanie tego projektu. A ten dojrzewał parę dni.

– Jest! Gotowy! Chcesz zobaczyć? – zawołała nagle.

Oczywiście, że chciałam. Pobiegłam do pokoju. Oczom moim ukazał się prawdziwy, piękny koń – fiord norweski z tektury.

– Śliczny! – pochwaliłam.

– Czegoś tu mu brakuje. – Krysia się zamyśliła. Po chwili pobiegła do mojej skrzyneczki z wełną, ucięła kawałek kolorowej włóczki i powiedziała: – Czy pomożesz mi zrobić dziurki? O, tu i tu. Musimy z tego kolorowego sznurka zrobić ogłowie.

I zrobiłyśmy ogłowie. Koń wyglądał bardzo ładnie. Krysia postawiła go pod oknem i powiedziała:

– Dziś tu będziesz spał, a za kilka dni zabieram cię do szkoły. Będziemy razem śpiewać: *Viva, viva l-karnival!*

Byłam z niej dumna. Dumna, że sama zrealizowała swój projekt, konsekwentnie od początku do końca.

– A ty za co się przebierzesz? – zapytałam Ksawerego, który nawet nie wspomniał o karnawale.

– Za nic, dzieci z czwartej klasy się nie przebierają – odpowiedział.

– Nie? Dlaczego?

– Nie wiem, może dlatego, że już nie są małymi dziećmi?

– Nie są małymi dziećmi, no tak...

Dało mi to do myślenia. Szkoda, że kolorowe dzieciństwo trwa tak krótko w Polsce. Każdy z nas chce stać się poważnym dorosłym. Takim, który już nie przebiera się w czasie karnawału, bo wstyd. A kiedy już stajemy się nudnymi dorosłymi, wtedy zadajemy sobie pytanie, kiedy to wspaniałe dzieciństwo minęło.

„Dobrze, że chociaż ośmiolatki mają ochotę na barwne kreatywne szaleństwo" – pomyślałam.

W karnawałowy dzień Krysia wstała wcześniej.

– Czy możesz zapleść mi dwa warkocze? Takie, jak zawsze mi pleciesz, kiedy jeżdżę na koniach.

Zrobiłam Krysi fryzurę, wyczyściłam jej buty do jazdy konnej, pomogłam się ubrać. Wzięłam pod rękę konia z tektury i udałyśmy się w stronę szkoły. Krysia szła wesoło, podskakując i podśpiewując:

– *Mel' evviva l-maskerati u evviva l-ħmerijiet! Ejj' ningħaqdu lkoll mal-folol, ħa naraw il-karrijiet. Viva, viva l-karnival! Viva, viva l-karnival!*

Mijałyśmy uczniów idących do szkoły.

– Dlaczego te dzieci nie mają przebrań? – zapytała Krysia.

– Wiesz, może mają w plecakach – odpowiedziałam. – Zobacz, na Malcie jest ciepło zimą i dzieci w strojach mogą iść do szkoły, ale tu, w Polsce, musimy nosić kurtki i czapki, i rękawiczki. Myślę, że wiele dzieci przebierze się w szkole.

Moje słowa nie uspokoiły jednak Krysi. Przestała już śpiewać. Zwolniła kroku. Nie podskakiwała.

– Krysiu, wszystko w porządku?

– Tak – skłamała.

Przyglądała się wszystkim dzieciom, które szły w swoich codziennych strojach.

Kiedy ujrzałyśmy budynek szkoły, Krysia ścisnęła delikatnie moją rękę. Zrobiła to podświadomie i pewnie innego dnia nie zauważyłabym nawet tego odruchu. Ale nie dziś. Dziś wyczułam go doskonale. A wraz z nim niepewność i strach. Przystanęłam.

– Krysiu, czy ty się czegoś obawiasz?

– Tak… trochę – odpowiedziała.

Przykucnęłam przed nią, aby mieć jej oczy na wysokości moich. Zawsze staram się o tym pamiętać.

– Krysiu, martwisz się o ten strój?

– Tak, nie jestem pewna, czy chcę pokazać dzieciom mojego konia.

– Tworzyłaś go kilka dni. Jest śliczny i super wygląda z twoim strojem karnawałowym.

– Wiem, ale jestem pewna, że dzieci będą się z niego śmiały.

Zamurowało mnie. Próbowałam przywołać w pamięci obraz mojej osoby w wieku Krysi, aby przypomnieć sobie, czy ośmiolatki śmieją się z tekturowego konia. Niestety nie mogłam odgrzebać we wspomnieniach, w jakim wieku pojawia się wyśmiewanie siebie nawzajem.

– Krysiu, jest karnawał. Wiele dzieci się przebierze – zaczęłam tłumaczyć.

– Tak, ale jest inaczej niż na Malcie. Tam wszystkie dzieci śpiewały i tańczyły w karnawale, wszyscy byli przebrani, a tu, zobacz sama, dzieci nie mają przebrań i tu często śmieją się z siebie.

Nie wiedziałam, co odpowiedzieć. To jest jeden z tych momentów, kiedy bardzo pragniesz powiedzieć coś mądrego, ale rozsądne argumenty mieszają się z uczuciami i masz mętlik w głowie.

Wiedziałam, że w Polsce jest inaczej. Nie lepiej i nie gorzej, po prostu inaczej. Zdawałam sobie sprawę, że nie wszystkie dzieci będą przebrane, że nie będzie tańców i śpiewów, ale obawy Krysi, że dzieci będą się z niej śmiały... Te wątpliwości mnie zdziwiły i nie mogłam znaleźć w głowie argumentu czy wytłumaczenia.

– Krysiu, zawsze bądź sobą, niezależnie od tego, co mówią czy myślą inni. Czy chcesz zabrać swojego fiorda do szkoły? Nieważne, co pomyślą czy powiedzą dzieci. Czy ty chcesz to zrobić?

– Tak, chcę.

– I to jest najważniejsze. Twoje uczucia i to, czego ty pragniesz. Ja bym na twoim miejscu wzięła konika i pogalopowała z nim na karnawał, nie zwracając uwagi na nic. I bawiłabym się najlepiej ze wszystkich, przecież to karnawał.

Uśmiechnęła się. Jej oczy zabłyszczały. Wzięła konia w dłoń. Wstałam. Nie puszczałam jej dłoni, tylko ścisnęłam ją delikatnie, ale na tyle pewnie, by teraz to ona poczuła mój uścisk. Pewnym krokiem ruszyłyśmy w stronę bramy wejściowej, śpiewając:

– *Mel' evviva l-maskerati u evviva l-ħmerijiet! Ejj' ningħaqdu lkoll mal-folol, ħa naraw il-karrijiet. Viva, viva l-karnival! Viva, viva l-karnival!*

Rozdział 17

Wyjątkowość dzieci wielojęzycznych

Czy wielojęzyczne dzieci czują się kimś wyjątkowym?

To pytanie pojawia się chyba najczęściej, kiedy rozmawiamy lub rozmyślamy o wielojęzyczności.

Myślę, że nie. Bo czy można czuć się wyjątkowym tylko dlatego, że rozumie się mamę, która mówi w innym języku niż tata? Albo że rozumie się dzieci w szkole czy panią w piekarni? Jeśli dziecko wychowuje się w wielojęzycznym świecie, jest to dla niego naturalne, że ludzie mówią w wielu językach. Nawet jeśli jest to dwuosobowy świat: mama i dziecko.

Krysia wyjechała na Maltę w wieku dwóch miesięcy. Całe swoje życie spędziła na maleńkiej wyspie, na której usłyszeć można wszystkie języki świata. Klasa, która liczyła dwudziestu pięciu uczniów, składała się z dwudziestu narodowości. Blok, w którym mieszkaliśmy, zamieszkiwany był przez trzydzieści dwie narodowości. Każdy znał swój ojczysty język, język urzędowy, czyli angielski, i bardzo często (a w przypadku dzieci absolutnie zawsze) maltański. Wiele dzieci było też z rodzin, w których mama pochodziła z innego kraju niż tata. To sprawiało, że dziecko już od urodzenia obcowało z dwoma językami. Kiedy otacza cię wielojęzyczność, staje się ona twoją codziennością. Nie zwracasz wtedy uwagi na to, iloma językami mówisz, ale doskonale widzisz, którego języka jeszcze nie umiesz.

– Mamusiu, czy ty znasz język rosyjski? – zapytała Krysia w pierwszym tygodniu polskiej szkoły.

– Trochę znam, dlaczego pytasz?

– Ponieważ w klasie mamy dzieci, które mówią po rosyjsku, i ich nie rozumiem. Naucz mnie.

Dla Krysi to było takie naturalne, by nauczyć się nowego języka. Według jej ośmioletniego rozumowania w tydzień mogłabym nauczyć ją nowego języka, by była w stanie rozumieć rosyjskie dzieci. Nie skoncentrowała się na fakcie, że może porozumieć się z dziećmi anglojęzycznymi, hiszpańskojęzycznymi czy polskojęzycznymi. Dla niej priorytetem było, by nauczyć się języka rosyjskiego, by zrozumieć dwoje dzieci z klasy.

Kiedy mieszkasz trzy tysiące kilometrów od swojej rodziny, kilometr nie ma dla ciebie tysiąca metrów. A to oznacza, że kiedy jesteś w Polsce, bez problemu przejeżdżasz dwieście czy trzysta kilometrów, by odwiedzić rodzinę czy znajomych. Bo czymże jest trzysta kilometrów w stosunku do trzech tysięcy kilometrów? Kiedy przyjechaliśmy do Polski, bardzo dużo czasu spędzaliśmy w samochodzie, gdzie absolutnie zawsze słuchaliśmy radia. Nierzadko śpiewaliśmy, a nawet tańczyliśmy do ulubionej muzyki. Radio stało się naszym przyjacielem. Często opowiadałam też dzieciom, jak to jest siedzieć przed mikrofonem radiowym, opowiadałam im o magii radia i magii głosu. Kiedy pierwszy raz zasiadłam jako gość w studiu Radia Zet, a moje dzieci z drugiej strony radioodbiornika, Krysia zapytała:

– Mamusiu, a ty się nie wstydzisz tak mówić do wszystkich? Przecież cała Polska cię słucha.

– Nie, Krysiu. Nie ma czego się wstydzić. Kiedy masz coś ciekawego do powiedzenia, wiele osób cię słucha z zainteresowaniem. To wspaniałe uczucie móc podzielić się swoją wiedzą czy doświadczeniem. Nie wstydzę się, Krysiu.

Opowiadałam dzieciom, jak wygląda studio radiowe, jak to jest, kiedy zapala się czerwona lampka – znak wejścia na antenę. Jak to jest siedzieć przed mikrofonem i wyobrażać sobie tysiące osób z drugiej strony. Przekazywałam im tym nie tylko moją miłość do radia, ale też pewność siebie i naturalność.

– W radiu nie ma rzeczy niezwykłych, których należy się obawiać. Są tam inne rzeczy.

– Jakie? – zapytała z zaciekawieniem Krysia.

– Magiczne – szepnęłam.

– Magiczne? – powtórzyły dzieci półszeptem.

– Tak, radio w odróżnieniu od telewizji, Internetu czy nawet gazety nie jest w stanie nic wam pokazać. Może tylko tak o tym opowiedzieć, abyście wy mogli sobie to wyobrazić. To jest dopiero magia. Opowiedzieć o lesie, powiedzieć, jak szumią drzewa, jak pachnie wilgotny mech po deszczu, jak dzięcioł uderza swoim twardym dziobem w korę. Opowiedzieć o tym, tak aby każdy mógł sobie to wyobrazić.

– I nie trzeba się martwić albo stresować, kiedy się o tym wszystkim mówi?

– No co wy. Trzeba się dobrze bawić i mówić pewnym siebie głosem – powiedziałam, wymownie unosząc głowę.

Zawsze staram się o tym pamiętać. Dzieci uczą się, obserwując rodziców. To jest dokładnie tak samo jak z naturalną nauką języków. Jeśli mówimy do dzieci w obcym języku, one również będą mówiły w języku obcym. Jeśli w nas nie ma blokad, w dzieciach te blokady nigdy się nie zrodzą. Jeśli będziemy pewni siebie, dzieci również będą miały taką postawę.

Kiedy więc przyszedł moment pierwszego wywiadu w Polskim Radiu, Krysia i Ksawery bardzo to przeżywali.

– Pamiętajcie, że osoba, która będzie was słuchała, nie może nic zobaczyć, musicie jej wszystko opowiedzieć, tak jak wy to widzicie swoimi oczami.

– Magicznie – szepnęła Krysia.

– Tak, magicznie – odpowiedziałam półszeptem. – Kiedy mówicie, że mieszkacie na wyspie, nie wszyscy wiedzą, co to wyspa. Trzeba powiedzieć, że to ląd otoczony wodą.

– I powiedzieć, jakiego koloru jest woda i czy jest ciepła – dodał Ksawery.

– I słona! – krzyknęła Krysia.

– Wypowiadamy się ładnie, po polsku, całymi zdaniami – przypomniałam z nadzieją, że zapamiętają. Krysia miała wiele wątpliwości:

– I mówimy „proszę pani" do pani prowadzącej?

– Tak, po polsku mówimy zawsze „proszę pani".

– A jak zapomnimy?

– Będę razem z wami, to wam wszystko przypomnę.

Sprawa bardziej się skomplikowała, kiedy dostaliśmy zaproszenie do programu *Dzień Dobry TVN*.

Cieszyłam się ogromnie z tego zaproszenia, ponieważ wielojęzyczność w Polsce nie jest tematem bardzo popularnym. Uznałam to za doskonałą okazję do tego, by opowiedzieć widzom o tym, że fajnie jest realizować w życiu przeróżne pomysły. Nawet te, które na początku wydają się mało realne, a czasem wręcz szalone.

– *¡Buenos días, corazones!*[*]

Tego dnia wcześniej niż zwykle rozpoczęłam swój poranny rytuał. Spojrzałam na śpiące twarzyczki i przytulone do siebie ciałka. Jednym ruchem odsłoniłam granatowe zasłony, by promienie słoneczne wpadły do środka. Na próżno. Miałam wrażenie, że w pokoju zrobiło się jeszcze ciemniej. Wyjrzałam przez okno. Ciemno, biały śnieg odbijał się w świetle latarni ulicznych.

– Już zapomniałam, jak to jest w Polsce. Ciemno, zimno i śnieg – powiedziałam sama do siebie.

– Śnieg? – odezwał się radośnie głos spod pierzyny.

– Śnieg? Śnieg? – dało się słyszeć drugi głos.

– *Buenos días, ¿han dormido bien?*[**] – zapytałam, wyjmując z szafy ubrania przygotowane dzień wcześniej.

– Która jest godzina? – zapytał Ksawery.

Zdążył już wyskoczyć z łóżka i przykleić nos do szyby.

– Jest szósta, czas na nas.

– Ale wejście na antenę mamy dopiero kilka minut po ósmej.

– Tak, ale wcześniej muszą nas do tego wejścia przygotować.

– Mnie też zrobią makijaż? Czy tylko dziewczynom się robi makijaż? – zapytał Ksawery.

– Nie wiem, wszystkiego się dowiemy.

Kilkanaście minut później siedzieliśmy już w zimnym samochodzie. Znowu zapomniałam, z której strony jest kierownica. Chyba mój mózg jeszcze spał. No nic, każdemu może się zdarzyć. Najważniejsze, że jechaliśmy, a raczej mknęliśmy ulicami Warszawy. Krysia ściskała swojego misia, a Ksawery przeglądał naszą warszawską księgę autografów.

---

[*] *Buenos días, corazones* (hiszp.) – Dzień dobry, serduszka.

[**] *Buenos días, ¿han dormido bien?* (hiszp.) – *Dzień dobry, dobrze spaliście?*

– Myślisz, że pani Dorota nam się podpisze w księdze?

– Myślę, że jak ją o to poprosicie, to z całą pewnością wam nie odmówi.

– Ja chcę, by się nam podpisał pan Marcin. Ciekawe, czy on jest taki wysoki jak w telewizji.

– Wszystkiego się dowiemy niebawem – odparłam. – Co za pogoda, śnieg sypie i ten mróz – zaczęłam marudzić.

Brak kofeiny dawał o sobie znać. Spojrzałam na sygnalizator świetlny. Światło wciąż czerwone. „Już chyba od godziny" – pomyślałam, ale ugryzłam się w język, by tego nie powiedzieć.

– Piękna ta zima, prawda? – zabrzmiał optymistycznie głos z tyłu samochodu.

Po piętnastu minutach (chyba najdłuższych w moim życiu) stanęliśmy pod bramą wjazdową parkingu przy ulicy Marszałkowskiej.

– Dzień dobry, jesteśmy gośćmi programu *Dzień Dobry TVN*.

– Nazwisko poproszę – padła odpowiedź z ledwie uchylonego okienka. W sumie wcale się nie dziwiłam. Moje okno samochodowe też otworzyłam tylko na trzy centymetry.

– Krystyna, Ksawery! – zaczęłam krzyczeć, by mieć pewność, że uprzejma pani mnie usłyszy.

– I Martyna, tak, wszystko się zgadza. Zapraszam – krzyczał głos z okienka.

Zaparkowaliśmy.

– Telefon mam, portfel... Krysiu, bierzesz tego misia? Księga na autografy jest? No to chyba wszystko – zaczęłam wyliczać, zanim odeszliśmy od samochodu. – Poczekajcie, ciuchy na przebranie. Zapomniałabym! – krzyknęłam, podnosząc klapę bagażnika i wyjmując sporych rozmiarów torbę.

– Czy my tam się będziemy przebierać? – zapytał Ksawery.

– Nie, tak tylko wzięłam w razie czego, jakby nam się jakaś przygoda przydarzyła.

– Mamo, my nie mamy już dwóch latek. Nie musisz nam brać rzeczy na przebranie.

– Zobaczysz, nikogo w telewizji nie zdziwi fakt, że przybyłam z dodatkowymi ubraniami.

Ruszyliśmy w stronę wysokiego budynku. Wciąż było ciemno i temperatura cały czas oscylowała wokół stu stopni na minusie. Zaczęłam się stresować. Czułam się trochę jak w czasie studenckiej sesji zimowej, kiedy to biegłam w śniegu o zwariowanej nocnej godzinie, by zdążyć na egzamin. Nagle wszystkie moje zmysły skoncentrowały się na zapachu kawy i ciepłego polskiego pieczywa.

– Skąd on dochodzi? – zapytałam, rozglądając się wkoło.

Jest. Namierzyłam źródło namawiające do wielkiego grzechu wypicia olbrzymiej, czarnej jak smoła kawy i zjedzenia pieczywa z milionem kalorii w środku.

– Wejdźmy choć na chwilę! – krzyknęłam do dzieci, które już zniknęły za zakrętem. – Halo, gdzie wy jesteście? Wejdźmy chociaż powąchać – dokończyłam cichym głosem, ponieważ wiedziałam, że i tak mnie nie usłyszą.

„No nic. Nie wejdziemy. Najwyżej umrę z braku kofeiny przed połową miliona widzów. A swoją drogą, ciekawe, ile osób ogląda ten program. Może moja śmierć w poniedziałek nie zrobiłaby na nikim wrażenia, ale sobotni odcinek może oglądać wyjątkowa liczba osób" – pomyślałam i zaczęłam jeszcze bardziej się stresować.

Kilka sekund później stanęłam przed głównym wejściem wysokiego budynku. Nie sposób było go nie znaleźć, ponieważ już na chodniku rozstawione były kamery i parę ogromnych reflektorów.

Wszystkie ustawione w kierunku wielkiej tafli lodu, która miała zamienić się w cudowną rzeźbę. Aby jednak takowa powstała, rzeźbiarz musiał spędzić na tym mrozie kilka godzin. Spojrzałam na pana i wcale mu nie zazdrościłam. W głębi serca ucieszyłam się nawet, że jestem mamą wielojęzycznych dzieci, a nie utalentowaną rzeźbiarką. Może w innych okolicznościach przyrody chętnie zamieniłabym się z panem na talenty, ale nie dziś.

Wzięłam za rękę dzieci stojące z otwartymi buziami i podziwiające kawał lodu.

– W życiu czegoś takiego nie widzieliśmy – powiedział Ksawery, który zapomniał już, po co w ogóle tu przyjechaliśmy.

– Na Malcie chyba by im się stopiło – stwierdziła Krysia, nasza ekspertka od lodów.

Weszliśmy do środka. Bardzo sprawnie przeszliśmy przez bramki znajdujące się na parterze.

– Tu jest jak na lotnisku – szepnęła Krysia.

– Trochę tak. – Uśmiechnęłam się. – Chodźmy do windy – dodałam, patrząc na zegarek. Wjechaliśmy na ostatnie piętro. Kiedy drzwi windy się otworzyły, Krysia i Ksawery zapomnieli o całym stresie.

– Wow! – Oczy Krysi zrobiły się trzy razy większe.

– Ale tu pięknie, jak kolorowo, ale super! – Ksawery nie mógł wyjść z podziwu.

– Witam dzieci wielojęzyczne! Ty jesteś Krysia, a ty Ksawery? – przywitał się z nami uprzejmy pan z produkcji. – Dzień dobry, tu możecie zostawić swoje kurtki i inne rzeczy – powiedział, wskazując na moją torbę wypchaną ubraniami. – Będziecie się tu przebierać? – zapytał lekko zdziwiony. W sumie to może nawet nie tylko lekko.

– A nie mówiłem? – szepnął Ksawery i spojrzał na mnie tym swoim wzrokiem przypominającym, że oni przecież są już dorośli i przygody im się nie zdarzają.

– To ja może zostawię tę torbę z ubraniami tu, w szatni – powiedziałam, ukrywając ją pod kurtką.

– Zapraszam na krzesło do pani Beaty. Tu zrobią wam piękny makijaż, a później przyniosę wam coś do picia. Kawę białą, czarną, z cukrem? Jakieś życzenia jeszcze?

„Jestem w niebie, zrobią mi makijaż i napoją kawą. A do tego nie umrę przed połową miliona widzów. Jaki ten dzień cudowny" – pomyślałam z radością w oczach i na ustach. Chyba mój optymizm udzielił się nawet pani stojącej naprzeciwko z pędzlami w ręku, ponieważ uśmiechnęła się do mnie serdecznie i powiedziała:

– Proszę siadać i czuć się jak u siebie.

Podczas gdy mój telewizyjny make-up był w procesie tworzenia, Krysia i Ksawery chłonęli wszystko swoimi zmysłami. Słuchali tego, co działo się na ślicznie urządzonym piętrze.

– Światło!

– Kamerę daj tam!

– Tu więcej światła.

– Kto zostawił tutaj ten kabel? Zabierzcie go.

Nagle z tłumu wyłonił się głos:

– Gdzie są moje dzieci wielojęzyczne?

Do tego momentu myślałam, że to moje dzieci. Nie spodziewałam się, że będę miała konkurencję w telewizji. Otworzyłam oczy, które były już ładnie pomalowane, i spojrzałam na maluchy. Stały zadowolone i uśmiechały się w kierunku wysokiego mężczyzny. Ksawery ściskał w ręku księgę na autografy.

– Cześć, czy wy jesteście Krysia i Ksawery?

– Tak – odpowiedziała Krysia, której twarz pokryła się rumieńcem.

– A w ilu językach wy mówicie?

– W czterech: po hiszpańsku, maltańsku, angielsku i polsku – odpowiedział Ksawery z dumą.

A ja w tym momencie uświadomiłam sobie, że nigdy wcześniej nie słyszałam, by komukolwiek opowiadał z dumą o językach.

– Naprawdę mówicie też po maltańsku? Super.

– Tak. Czy możemy prosić o autograf? – rzekł Ksawery, dla którego w tym momencie ten podpis był ważniejszy niż wszystkie języki świata.

– Oczywiście, jaka wspaniała księga! Co tu wpisujecie?

– To nasza warszawska księga, tu opisujemy różne przygody i ważne momenty.

– I wklejamy zdjęcia i zbieramy autografy – dodała Krysia.

– To ja nie mam swojego zdjęcia, ale namaluję wam siebie – powiedział pan Marcin i rozpoczął proces tworzenia.

Dzieci stały przyklejone do niego i z zaciekawieniem patrzyły na długopis, który bardzo sprawnie nakreślał kreski.

– Jest pani już gotowa – powiedziała uprzejma pani Beata, zamykając pojemnik z pudrem. Zdążyłam wstać z krzesła, kiedy moim oczom ukazała się filiżanka kawy.

„Jestem w niebie" – powtórzyłam w myślach.

Podczas gdy ja delektowałam się kawą, pan Marcin ukończył już swoje dzieło.

– Od wujka z TVN-u – przeczytała na głos Krysia i ponownie się zarumieniła.

– Zapraszam dzieci na makijaż. Troszkę rozjaśnię wam cienie pod oczkami – powiedziała pani Beata, obniżając krzesło na wysokość odpowiednią dla dzieci. Krysia i Ksawery zasiedli przed olbrzymimi lustrami i zamknęli oczy. – Jak będziesz miała włoski? Rozpuszczone? – zapytała makijażystka Krysię.

– Tak, rozpuszczone – odpowiedziała pewnym głosem.

Kiedy dopiłam najsmaczniejszą kawę świata, dzieci były już gotowe. Zostawiliśmy więc pana Marcina w rękach makijażystki i udaliśmy się do przesympatycznego pana z produkcji, który już stał z mikrofonami w ręku.

– To są takie maleńkie mikrofoniki. Są w kolorze waszego ubrania i nie będzie ich widać. Zakładamy je tu, następnie kabel przeprowadzamy pod bluzką i mikroport dopinamy do spodni. – Mężczyzna zwinnie założył nam sprzęt.

Czekaliśmy kilka minut, aż pan z produkcji powiedział:

– Jesteście gotowi, możecie usiąść na kanapie. Zaraz będziemy robić przebitkę.

Usiedliśmy na pięknej kremowej kanapie.

– Co będą robić? – zapytała Krysia.

– Przebitkę. To znaczy, że będzie nas widać na antenie, ale nie będzie nas słychać – wyjaśniłam jej i tym samym zabłysnęłam wiedzą o mediach.

– I co mamy robić?

– Nic nie musicie robić, zachowujemy się naturalnie.

Kiedy kamera zniknęła sprzed naszej twarzy, uprzejmy pan z produkcji powiedział:

– Super! Słuchajcie, macie teraz osiem minut. Możecie wypić drugą kawę, łyk wody, iść do toalety, co tylko chcecie. Za osiem minut wchodzimy już na żywo. Jesteście pierwszymi gośćmi.

– Czy chcecie iść do toalety? – zapytałam dzieci i było to chyba jedno z gorszych pytań, jakie mogłam w tym momencie zadać.

– Tak! – zabrzmiał mój duet.

– To idziemy, mamy aż osiem minut.

Ksawery poszedł samodzielnie do męskiej, a my skierowałyśmy się do damskiej. Weszłam jako pierwsza i w tym samym momencie uświadomiłam sobie, że osiem minut to nie jest dużo czasu, kiedy oplatają cię kable.

– Mi trochę dłużej zejdzie – powiedziała Krysia.

Spojrzałam na nią z przerażeniem, później na zegarek i z jeszcze większym przerażeniem na Krysię. Cztery minuty do wejścia. Po co my przyszliśmy do tej toalety? Po co w ogóle o nią zapytałam? Co za głupie pytanie. Trzeba było zamiast tego poprosić o drugą kawę. Trzy minuty.

– Krysiu, musimy już iść.

– Jeszcze chwilę.

Dwie minuty. Wychodzimy z toalety i ruszamy w stronę kremowej kanapy stojącej przy olbrzymim oknie. Pan Marcin i pani Dorota już na stanowiskach. Siadamy naprzeciwko nich.

– Denerwujecie się? – zapytała pani Dorota.

– Trochę – odpowiedział Ksawery, niespokojnie zaciskając dłonie.

– Ja też się denerwuję. Zawsze – powiedział pan Marcin. – Denerwuję się, że Dorota się spóźni albo w ostatnim momencie ucieknie i zostanę sam. Mówię wam, ciągle się denerwuję.

Dzieci się uśmiechnęły. Ale nie było czasu, aby pierwsze emocje opadły.

– Trzy, dwa, jeden – usłyszeliśmy głos z bliżej nieokreślonej części studia.

Kolejne minuty były już magią. Dziewięć minut dla ludzkości, a dla nas cała wieczność, bardzo ważna. I nie dlatego, że opowiedzieliśmy całemu światu naszą historię, choć to z pewnością również było wspaniałe. Ważniejsze od tego było cudowne uczucie, które gościło w moim sercu, kiedy Krysia i Ksawery opowiadali o wielojęzyczności.

To pierwsze momenty w ich życiu, kiedy stają się świadomi swojej wielojęzyczności. Pierwsze, kiedy o tym mówią na głos. I to przed kamerami i połową miliona widzów przed telewizorami. Byłam z nich dumna. Nie dlatego, że rozumieją mamę, która mówi w innym języku niż tata czy babcia. Byłam z nich dumna, dlatego że nie miały blokad, by powiedzieć w studiu ogólnopolskiej telewizji: „jesteśmy dziećmi wielojęzycznymi", z odwagą i pewnością siebie. Tak jak je tego uczyłam. To było dla mnie najważniejsze.

Kiedy zgasło czerwone światełko na kamerze, a na teleodbiornikach widzów zagościła reklama, usiedliśmy obok pani Doroty z naszą księgą.

– Czy możemy prosić o autograf? – zapytał Ksawery.

– Oczywiście, że tak. Cudownie was było spotkać. Jesteście niesamowici, zazdroszczę wam znajomości tych języków – odpowiedziała serdecznie pani Dorota.

Spędziliśmy w studiu jeszcze trochę czasu. Było nam miło i przyjemnie. Chcieliśmy, by ten moment się nie kończył. Powitaliśmy polski kultowy zespół, który przyjechał wcześniej, by rozłożyć swój sprzęt (co bardzo zadowoliło Ksawerego), poznaliśmy mnóstwo fantastycznych ludzi.

– Możecie tu zostać aż do wieczora – powiedział przesympatyczny pan z produkcji.

Bardzo byśmy chcieli, ale mieliśmy już kolejne spotkanie zaplanowane na popołudnie. Pożegnaliśmy się, zrobiliśmy ostatnie zdjęcia do naszej warszawskiej księgi i opuściliśmy magiczne studio telewizyjne.

– Ciekawe, czy pan rzeźbiarz już coś wyrzeźbił – powiedziała Krysia, kiedy wsiedliśmy do windy.

– O rany, pan rzeźbiarz, zapomniałam o nim. Mam nadzieję, że telewizja o nim nie zapomniała i nie zamarzł tam przed głównym wejściem.

W tym momencie przypomniało mi się, jaka temperatura panuje na zewnątrz. Zupełnie o niej nie myślałam, kiedy siedzieliśmy w studiu. Tak jak o śniegu i mrozie.

– Wow! Patrzcie, jaka rzeźba. Pan wyrzeźbił skoczka na nartach! – zawołała Krysia.

– Wow!

– Wow! – dodałam.

Byłam pod ogromnym wrażeniem. „Może jednak warto byłoby się wymienić z tym panem swoim doświadczeniem życiowym?" – pomyślałam.

– Jestem głodna – stwierdziła Krysia.

– Ja też – przyznał Ksawery.

– Głodni na przykład na loda – dodali w uśmiechniętym duecie.

– Wcale się nie dziwię. Po takiej adrenalinie każdy byłby głodny. A ja znam fajne miejsce, gdzie możemy ten głód zaspokoić. O tu, za rogiem jest takie miejsce. Źródło wspaniałego zapachu namawiające do wielkiego grzechu wypicia olbrzymiej, czarnej jak smoła kawy i zjedzenia pieczywa z milionem kalorii w środku.

– Mają tam lody zimą?

– Dziś wyjątkowo sprawdzimy ten temat. Myślę, że możemy sobie pozwolić na małą rozpustę.

Rozdział 18

Polska wiosna

Kiedy postanowiliśmy zostać w Polsce, bardzo bałam się zmiany klimatu. Obawiałam się, że nasze organizmy odzwyczaiły się już od ujemnych temperatur i braku słońca. Bałam się, że możemy zacząć chorować, że nasza odporność jest mniejsza i przede wszystkim, że będzie nam zimno.

Pozytywnie zaskoczyła mnie złota polska jesień, kiedy nie odczuliśmy w ogóle zimna. Wręcz przeciwnie – byliśmy zachwyceni wysoką temperaturą panującą w mieszkaniu. Znowu zapomniałam, jak to jest w Polsce, kiedy możesz usiąść w samej koszulce, podczas gdy na zewnątrz wieje chłodem.

Zima była mroźna, ale też nie sprawiła, że potwornie marzliśmy, tak jak się tego obawiałam. Może grzał nas optymizm, a może wewnętrzna radość dziecka, którą odnalazłam w sobie na nowo dzięki moim warszawskim kosmitom? Kiedy jednak śnieg zaczął topnieć i pojawiły się pierwsze przebiśniegi i krokusy, zrobiło mi się zimno. I nie potrafię tego ani zrozumieć, ani wytłumaczyć.

– Nie było ci zimno zimą, a wiosną marzniesz? – pytali znajomi.

Może mój organizm był już zmęczony zimą albo po prostu skończyła mi się wewnętrzna bateria grzewcza. Nie wiem. Było mi niesamowicie zimno. A dzieciom? Dzieciom oczywiście nie. Wręcz przeciwnie. Cieszyły się każdą porą roku. Jeszcze zimą pytały:

– Jak będzie wyglądała wiosna?

– Śnieg zniknie, niebo zrobi się pięknie niebieskie…

– Jak na Malcie?

– Jak na Malcie. I pojawią się ptaszki, wrócą do nas z…

– Jak to: wrócą do nas? To gdzie one teraz są?

– Poleciały do ciepłych krajów – powiedziałam zupełnie naturalnie.

Przecież od dziecka uczono nas, że ptaki odlatują do ciepłych krajów.

– „Do ciepłych"? Czyli do jakich?

– Poleciały do Włoch, do krajów afrykańskich… – odpowiedziałam, szukając w pamięci swoich dziecięcych przemyśleń na ten temat. Czy trzydzieści lat temu przyszłoby mi do głowy takie pytanie?

– Do Włoch czy na Sycylię? Bo to olbrzymia różnica – stwierdził Ksawery.

– Może część tu, a część tu. – Próbowałam ratować się jakąkolwiek odpowiedzią.

– A może do Hiszpanii? – zasugerowała Krysia.

– Ale do Hiszpanii miałyby dalej chyba.

– A myślisz, że lecą nad Szwajcarią? – kontynuowała.

– Szwajcarią? Dlaczego akurat Szwajcarią? – zdziwiłam się.

– Bo jak czytaliśmy w szkole *Calineczkę*, to ona leciała z jaskółką, pamiętasz?

– Pamiętam.

– I pani nam czytała, że Calineczka leciała na południe, nad wysokimi górami okrytymi lodem… To na pewno nad Szwajcarią, a później zatrzymała się wśród liści winorośli, to na pewno na Sycylii. Jak jeździliśmy samochodem z Polski na Maltę, to jechaliśmy dokładnie tą samą drogą, którą leciała Calineczka. Przez szwajcarskie lodowce, pamiętasz? Tam jedliśmy taką zupkę. Później przez Włochy, gdzie jedliśmy lody i piliśmy babyccino*. I nocowaliśmy w takim domku na Sycylii, gdzie rosły winogrona, pamiętasz? Jak Calineczka – rzekła z radością w głosie.

Pokiwałam głową. Oczywiście, że czytałam *Calineczkę* w wieku siedmiu czy ośmiu lat, ale moja wiedza o świecie była inna niż wiedza Krysi w tym wieku. Dla niej droga Calineczki była tak naturalna. Doskonale przecież ją znała, bo sama przemierzała ją kilka razy.

– To musi być Sycylia, te ciepłe kraje. – Krysia myślała na głos.

– Albo Malta. Z Włoch jest blisko na Maltę. Jeśli leciały do Afryki, też mogły zrobić sobie przystanek na wyspie – dodał Ksawery.

– Niewykluczone, że właśnie tak jest – odpowiedziałam i zamyśliłam się na chwilę.

Wyjątkowo często to robiłam podczas naszego warszawskiego roku. Czy kiedykolwiek jako dziecko zastanawiałam się nad „ciepłymi krajami"? Albo nad szczegółową drogą Calineczki? Dla mnie w dzieciństwie ciepłe kraje były gdzieś, gdzie świeci wieczne słońce i dokąd latają ptaki. Nigdy się nie zastanawiałam, czy żyją tam nawet ludzie. Bo nigdy nas nie uczyli o ludziach w ciepłych krajach. W mojej dziecięcej wyobraźni był to ląd – królestwo ptaków.

---

* Babyccino – spienione mleko, czasem z dodatkiem czekolady, dziecięcy odpowiednik kawy we Włoszech.

– Ale opowiedz dalej. Jak to będzie? Ptaki wrócą z Sycylii i co dalej?

– I pojawią się pączki na drzewach…

– Pączki na drzewach? – Zdziwienia Krysi nie da się opisać. – Pączki?

– No nie takie pączki z dżemem. Takie malutkie, z których później powstaną liście.

– Liście na drzewach powstają z pączków? Ale jak? Magicznie? Dlaczego z pączków? Nie urosną normalnie? Przeistoczą się jak *caterpillar*? – Pytaniom nie było końca.

– To będzie długa, wspaniała wiosna – odpowiedziałam tylko.

I była. Co ranek wychodziliśmy do szkoły piętnaście minut wcześniej i szukaliśmy oznak wiosny. Robiliśmy zdjęcia, cieszyliśmy się każdym maleńkim pączkiem i każdym kwiatkiem napotkanym na naszej drodze. Wybraliśmy sobie jedno olbrzymie drzewo, które zawsze mijaliśmy. I codziennie sprawdzaliśmy, czy ma już pączki, czy pączki urosły, czy zaczęły się rozwijać, czy są już liście, czy liście rosną.

– A później nasze drzewo zrobiło się całe, ale to całe zielone. Nawet nie wiem kiedy. Wyobrażasz sobie? – relacjonowała Krysia tacie, który dzwonił do nas co wieczór.

– Naprawdę, Krysiu?

– Tak, a było takie łyse. Wszystkie drzewa były łyse, taki *circle of life*. Wiesz, jak w książce *The Very Hungry Caterpillar**. A teraz wszystkie drzewa mają liście i jest bardzo ładnie, i rosną też kwiatki. Takie malutkie, że musisz ukucnąć – opowiadała.

* *The Very Hungry Caterpillar* (ang.) – *Bardzo głodna gąsienica* – książka, której autorem jest Eric Carle, zna ją każde anglojęzyczne dziecko.

Tak minęła nam wiosna, wiedziałam, że nasz powrót na Maltę jest coraz bliżej. Tęskniłam za wyspą, ale równocześnie chciałam, by ten rok trwał wiecznie. Tak wiele nauczyłam się dzięki dzieciom, tak wiele sobie przypomniałam, na kilka chwil stałam się ponownie małą Martynką, która potrafiła zachwycić się lecącym motylem lub głęboką kałużą. Przypomniałam sobie, że małe rzeczy mogą mieć olbrzymią wartość i że każda chwila może być niezapomnianym przeżyciem. Przypomniałam sobie to dzięki moim dzieciom, warszawskim kosmitom. Moim dzieciom wielojęzycznym, które mają polskie serca, ale spojrzenie na świat wielokulturowe, jakże inne od mojego.

Rozdział 19

Stolica wielu kultur i języków

Temat wielojęzyczności badam już od kilkunastu lat, ale nie udało mi się jeszcze udzielić odpowiedzi na podstawowe pytanie. „Co jest trudniejsze: nauczyć się nowego języka czy nie stracić tego poprzedniego?"

Myślę, że jedno i drugie stanowią duże wyzwanie. Niestety tak samo szybko jak uczymy się nowego języka, tak samo szybko zapominamy ten, którego już nie używamy. Kiedy mieszkaliśmy poza granicami kraju, dbałam o to, by dzieci miały kontakt z językami polskim i hiszpańskim. Nie musiałam koncentrować się na angielskim i maltańskim, które były wszechobecne. Kiedy natomiast zamieszkaliśmy w Polsce, okazało się, że muszę położyć nacisk na rozwój języka polskiego (gramatyka, ortografia, interpunkcja), a w tym samym momencie dbać o pozostałe języki.

I wcale nie miałam ambicji, by te pozostałe rozwijać, bo najzwyczajniej w świecie brakowało mi na to czasu. Musiałam zrobić wszystko, co w mojej mocy, aby dzieci nie zapomniały tego, czego się już nauczyły. Malta, mimo że jest maleńkim krajem, gości mnóstwo narodowości. Gdy przechadzasz się ulicami, słyszysz wszystkie języki świata.

Dzieci w szkole mają kontakt z wieloma kulturami, językami, religiami i tradycjami. Każdego dnia, odbierając swoją pociechę ze szkoły, spotykasz kolegę z Argentyny i koleżankę z Nepalu. Rozmawiasz w każdym znanym ci języku. Czasem rozmawiasz też w językach nie do końca ci znanych, ale w wielojęzycznym kraju nie stanowi to dla ciebie problemu. Pamiętam, gdy pewnego ranka poszłam na promenadę kupić ryby od rybaka, prosto z łodzi (na Malcie właśnie tak kupuje się ryby).

Podeszłam do łódki i powiedziałam po maltańsku:

– *Bongu*[*].

– *Bongu* – odpowiedział rybak, nie podnosząc nawet głowy.

Polewał w tym czasie ryby świeżą wodą morską. Niewiele więcej potrafiłam powiedzieć w jego rodzimym języku. Znałam jedynie liczebniki, kolory i nazwy zwierząt, czyli to, czego nauczyłam się, odrabiając prace domowe z dziećmi. Później ich poziom znacznie wyprzedził moje możliwości. Wtedy przestałam już nawet śledzić tematy i zagadnienia szkolne.

Pan rybak zorientował się, że trafił na wyjątkowo cichego klienta, więc sam postanowił zacząć rozmowę:

– *Issa*…[**]

Zabrzmiał pierwszy wyraz, który zrozumiałam, a po nim potok słów. Stałam i kiwałam głową, nie rozumiejąc absolutnie nic. Ale to nie przeszkadzało mojemu rozmówcy, który przecież nie wiedział, że go nie rozumiem. Pokazywał mi ryby, mówił coś, wskazując ręką na morze i na zegarek. Opowiadał o falach, wodzie (tak mi się przynajmniej wydawało). Po czym o coś zapytał. Tego się nie spodziewałam. Nastała chwila ciszy, ponieważ

---

[*] *Bongu* (malt.) – dzień dobry.

[**] *Issa* (malt.) – teraz.

nie zrozumiałam pytania. Mogłam w tym momencie zrobić dwie rzeczy.

Pierwszą: powiedzieć panu po angielsku, co chciałam kupić, i całkowicie zepsuć mu dzień, uświadamiając mu tym samym, że ostatnie minuty jego szczegółowej opowieści w ogóle nie miały sensu. Drugą: udawać dalej, że go rozumiem, że świetnie mówię po maltańsku. Oczywiście wybrałam drugą opcję. Wydała mi się ciekawsza i nie rujnowała dnia sympatycznego pana rybaka.

– *Din il-ħuta*[*] – powiedziałam po maltańsku, pokazując palcem. Całe szczęście, że znałam nazwy zwierząt. Pan się uśmiechnął i ponownie o coś zapytał. Tym razem jego oczy skierowane były na moją twarz. Przeszedł mnie lekki dreszcz, lecz za późno już było na krok w tył.

– *Tlieta*[**] – odpowiedziałam, choć nie miałam pojęcia, co oznaczało pytanie.

Pan rybak ponownie się uśmiechnął, wziął do ręki trzy ryby, wrzucił je do oddzielnego wiaderka. Coś tam pomruczał pod nosem i… ponownie zadał pytanie po maltańsku.

– *Iva*[***] – odpowiedziałam, bo tylko to jeszcze potrafiłam powiedzieć w jego rodzimym języku. Pan rybak zrozumiał, pokiwał głową i zaczął specjalnym nożykiem czyścić moje ryby. Robił to bardzo sprawnie. Opowiadał mi przy tym kolejne maltańskie historie, wymachiwał rękoma, pokazywał na ryby i raz po raz spoglądał w moją twarz, szukając na niej potwierdzenia zainteresowania. Ja więc stałam i kiwałam głową, od czasu do czasu rzucając znane mi:

---

[*] *Din il-ħuta* (malt.) – ta ryba.

[**] *Tlieta* (malt.) – trzy.

[***] *Iva* (malt.) – tak.

– *Iva, iva.*

Kiedy ryby były gotowe, uprzejmy pan zapakował je w torebkę, wręczył mi i powiedział:

– *Għaxra**.

Ha, zrozumiałam, jaki liczebnik miał na myśli! Jak dobrze, że dzieci nauczyły mnie liczyć. Pan rybak bardzo mnie zdziwił, ponieważ często kupowałam taki zestaw ryb i cena zawsze była dwa razy większa. Szybko zrozumiałam jednak, że dziś w jego oczach nie byłam jedną z tysiąca turystek. Byłam Maltanką, a jeśli nawet nie Maltanką, to z całą pewnością osobą próbującą nią być, a to też się ceni. Wyjęłam z portfela dziesięć euro i powiedziałam z dumą w głosie:

– *Grazzi ħafna, addio***.

Pan pożegnał się ze mną, używając przeróżnych słów. Może życzył mi miłego dnia, a może smacznego. Zupełnie nie wiedziałam, ale machałam do niego dłonią na odchodne, a on uśmiechał się cały czas serdecznie. Myślę, że był szczęśliwy. Ktoś wysłuchał go z olbrzymią atencją.

Ja zaś byłam z siebie dumna, że taki cudowny dialog poprowadziłam w jego języku. Kiedy mieszkasz na Malcie, tego typu sytuacji możesz mieć wiele. Żonglujesz językami, rozmawiasz z każdą napotkaną osobą na ulicy (bo taka jest tamtejsza tradycja), nie musisz się zastanawiać, że możesz utracić któryś ze znanych ci języków, ponieważ każdego z nich używasz codziennie.

Gdy zamieszkaliśmy w Polsce, bałam się, że będzie nas otaczał tylko język polski. Łatwo wtedy stracić płynność językową.

---

* *Għaxra* (malt.) – dziesięć.

** *Grazzi ħafna, addio* (malt.) – Dziękuję bardzo, do widzenia.

Kiedy podejmowałam decyzję o wyborze miasta, pod uwagę brałam bliskość punktów, po których będę się poruszała zawodowo, czyli drukarnie, hurtownie, media ogólnopolskie. Wybraliśmy Warszawę, abym nie musiała dużo podróżować przy publikacji i promocji książki. Okazało się jednak, że Warszawa miała też kilka innych plusów, o których wcześniej nie pomyślałam. Jednymi z nich były wielojęzyczność i wielokulturowość.

– Krysia rozpocznie naukę w klasie drugiej D – powiedziała pani dyrektor, kiedy pojawiłam się pierwszego dnia w szkole przy ulicy Grabowskiej. – W tej klasie jest kilkoro dzieci dwujęzycznych. Tato jednej dziewczynki jest z Kenii, są też dzieci z pochodzeniem włoskim, albańskim, rosyjskim. Myślę, że łatwiej będzie jej się odnaleźć w klasie wielokulturowej – dodała.

To był strzał w dziesiątkę! Krysia idealnie odnalazła się wśród rówieśników. Bardzo szybko okazało się, że w gronie polskich dzieci są też takie, których rodzice mieszkali wcześniej za granicą i dziś dbają oni o dwujęzyczność swoich pociech. Krysia została zaakceptowana przez rówieśników już pierwszego dnia.

– Dziś bawiłam się z Mateuszem – powiedziała pewnego dnia, gdy wracałyśmy do domu. – Nie wiem, skąd jest, nie zapytałam go, ale mówi po polsku.

Innego razu relacjonowała:

– Poznałam nową koleżankę na świetlicy. Ma na imię Ola. Nie wiem, z jakiego jest kraju, ale świetnie mówi po polsku.

W wyobraźni ośmioletniej Krysi dzieci poznane w szkole przyjechały z różnych części świata (tak jak na Malcie), ale wszystkie bardzo dobrze mówiły po polsku. Krysia nie dopuszczała do siebie myśli, że nowo poznane koleżanki i koledzy są Polakami, całe życie mieszkającymi w Polsce. Razem z wychowawczynią

Krysi obserwowałyśmy ten niezwykle interesujący punkt widzenia. Ośmioletni horyzont był dużo szerszy niż nasz. Doskonale zdawałyśmy sobie z tego sprawę. Kiedy więc pewnego dnia pojawiła się w klasie dziewczynka z Ukrainy, pani Ewelina poprosiła ją, by usiadła obok Krysi. Krysia była dumna.

– Powiedziałam jej, że mam na imię Krysia. Ona nie mówi po polsku, wiesz? Nie wiem, czy mnie zrozumiała.

– Wiele dzieci przyjeżdżających na Maltę nie rozumiało języka maltańskiego. Pamiętasz? A później bardzo szybko się go nauczyły. Dziewczynka też się nauczy – tłumaczyłam.

– Zapytałam ją, czy mówi po hiszpańsku, a ona pokręciła głową, że nie. Po maltańsku też nie rozumiała, ale jak zapytałam po angielsku, to trochę zrozumiała. Rozmawiałyśmy więc po angielsku, a jak czegoś nie rozumiała, to jej namalowałam – relacjonowała ośmiolatka.

Cudowne spojrzenie na świat oczami dziecka wielojęzycznego. Jeśli żaden z języków nie pomaga w komunikacji, to zawsze zostają jeszcze kartka i kredki. Przy takim podejściu do tematu zagrożenie braku komunikacji nie istnieje. Przecież zawsze jest jakieś wyjście.

Cały czas czułam jednak niedosyt w kontaktach językowych. Wiedziałam, że potrzebujemy czegoś więcej, ale nie mogłam niczego wymyślić. Wiele osób podpowiadało mi oglądanie bajek czy filmów w różnych językach. Jest to wspaniały pomysł, ale nie zmusza nas do mówienia. A na tym zależało mi najbardziej. Utrzymać język w formie biernej jest dość łatwo, ale dbać o niego na tyle, by utrzymać formę czynną, to już coś. Do tego potrzebowaliśmy jednak interakcji z żywym językiem, nie takim z ekranu komputera.

Pewnego piątkowego wieczoru siedzieliśmy w domu, wspominając naszych przyjaciół z Azji.

– A pamiętasz, jak Shushrut przyjechał i gotowaliśmy dania kuchni indyjskiej? – zapytał Ksawery.

– Taaak! – krzyknęła Krysia. – I piekliśmy te chlebki naan*.

– Ale bym sobie coś takiego zjadł – westchnął Ksawery.

– Więc może zamówmy sobie coś z kuchni indyjskiej – zasugerowałam, bo sama zgłodniałam, słuchając ich dialogu.

– Taaak! – zabrzmiał mój duet.

Chwyciłam telefon.

– Dobry wieczór, chciałam zamówić... – zaczęłam dość pospiesznie.

– Dooobry wieeeeeczór – odpowiedział bardzo wolno głos z drugiej strony. I w tym momencie uświadomiłam sobie, że rozmawiam z Hindusem, który przecież niekoniecznie mówi po polsku, tym bardziej przez telefon (przez telefon rozmawia się dużo trudniej niż osobiście). Przestawiłam się więc na angielski i zapytałam:

– Czy wolisz, bym mówiła po angielsku?

– Tak, poproszę – odpowiedział z ulgą głos po drugiej stronie linii.

– Poproszę więc palak paneer**, dwa chlebki naan, ryż i może chana masala*** – wyrecytowałam moje zamówienie.

---

* Naan – pieczywo rodem z Indii, wypiekane w piecu tandoor, podobne w wyglądzie do naszych naleśników.

** Palak paneer – typowe wegetariańskie danie kuchni indyjskiej. Jest to sos szpinakowy z kawałkami białego sera.

*** Chana masala – indyjski sos, którego podstawę stanowią pomidory i ciecierzyca.

– Czy może ktoś podjechać po zamówienie, czy mamy dostarczyć do domu?

Spojrzałam na dzieci.

– Pan pyta, czy może ktoś podjechać po zamówienie – zasugerowałam po polsku.

– Ja mogę, pojadę na rowerze – zaproponował Ksawery.

– Dobrze. Syn podjedzie – odpowiedziałam po angielsku, a następnie zwróciłam się do Ksawerego: – Kochanie, tu masz pieniążki, weź kask na głowę i powiesz panu, że składaliśmy zamówienie przez telefon. Mów do wszystkich lepiej po angielsku, będzie im łatwiej.

„Mów do wszystkich po angielsku…"

– To jest myśl – powiedziałam sama do siebie dumna z nowego pomysłu. Aby wzmocnić kontakt z językami obcymi, do naszego tygodniowego grafiku wprowadziłam cykliczne stołowanie się na zewnątrz. Ktoś zapyta: „I w czym to pomogło?". W utrzymaniu języka, ponieważ wybierałam tylko restauracje obsługiwane przez obcokrajowców. I tak poszerzaliśmy znajomość oferty kulinarnej Warszawy, jedząc w restauracjach tajskich, chińskich, włoskich czy hiszpańskich. Zasada była jedna. Nie mogliśmy używać polskiego. Dzieciom oczywiście bardzo podobał się ten pomysł. Przypominały sobie języki, a przy okazji poszerzały swoją wiedzę z zakresu kuchni międzynarodowej. Wspaniały duet świadczący o tym, że przez żołądek można dotrzeć nie tylko do serca, ale i do wielojęzycznej głowy.

Rozdział 20

Międzynarodowa tożsamość

Kiedy postanowiłam zostać mamą dzieci dwujęzycznych (jeszcze wtedy nie marzyłam nawet o wielojęzyczności), zalała mnie fala krytyki.

– Twoje dzieci nie będą miały tożsamości – powtarzali starsi koledzy filolodzy.

„Dziecko powinno posiąść umiejętność posługiwania się pierwszym językiem, zanim wprowadzimy mu drugi, w przeciwnym razie nie będzie wiedziało, skąd pochodzi i kim jest" – czytałam.

Dziś, kiedy stałam się mamą dwojga dzieci czterojęzycznych, wychowujących się w więcej niż jednym kraju, płynnie poruszających się między językami, myślących i czujących w wielu z nich, z całą pewnością mogę powiedzieć, że maluchy nie zatracają swojej tożsamości. To trochę tak jak z nauką języka. Czy ucząc się kolejnego, zatracamy swój pierwszy? Oczywiście może się tak stać, kiedy przestaniemy go używać, kiedy stracimy z nim zupełnie kontakt. Możemy wtedy stracić swoją płynność językową. Podobnie jest z tożsamością.

Krysia i Ksawery są Polakami, czują się Polakami i w sercach na pierwszym miejscu noszą Polskę. Ale noszą w nich również inne kraje. Czują się też obywatelami świata. Ich horyzonty znajdują się dużo dalej niż moje. Ich myślenie i postrzeganie świata wybiega dużo dalej niż moje. Dla nich pojęcia „inna kultura" i „inna tradycja" mają inny wymiar niż dla mnie. Kochają kraj, w którym się urodziły, ale kochają też kraje, gdzie nauczyły się chodzić, biegać, grać w piłkę, jeździć na rowerze, pływać i skakać. Kraje, w których Krysia „robiła sobie"* pierwszych przyjaciół, a Ksawery przeżywał pierwsze miłości. Kraje, gdzie spełnialiśmy swoje marzenia małe i duże, gdzie spędzaliśmy rodzinnie czas. W sercach mają kraje związane z ich dzieciństwem, dni pełne słońca, beztroskie zabawy na plaży i kochających ludzi wokół. Te miejsca na zawsze pozostaną dla nich drugą ojczyzną.

Obserwowałam to, gdy mieszkaliśmy daleko od Polski, a teraz miałam sposobność przyglądania się ich tożsamości w Polsce. Oczywiście, że jesteśmy warszawskimi kosmitami, polskimi dziećmi, które nie wychowywały się w Polsce. Dziećmi, które mówią, myślą, czytają, piszą po polsku, ale które nigdy nie chodziły do polskiej szkoły, nie oglądały polskich bajek i nie biegały po polskim boisku.

– To są polskie dzieci, ale proszę pamiętać, że one polską kulturę znają tylko z teorii. One nie wiedzą, co to są ferie zimowe, nie wiedzą, jak spadają liście z drzew, nie znają smaku zupy ogórkowej. Wiedzą, jak wygląda polska flaga, ale nigdy nie widziały jej w oknach budynków. Uczyły się języka polskiego, ale nigdy nie otrzymały świadectwa na koniec roku, nie spacerowały po oblodzonym chodniku i nigdy nie zmarzły podczas lepienia bałwana – tłumaczyłam polskim nauczycielom.

Krysia i Ksawery pojawili się w polskiej szkole ze swoimi polsko brzmiącymi imionami i nazwiskami, z płynnym językiem

* Charakterystyczny dla Krysi zwrot, kalka z języka angielskiego: *to make friends* – robić sobie przyjaciół (zawierać znajomości).

polskim, akcentem, a nawet polskimi dowcipami, które opowiadali bez przerwy. Teoretycznie nie odróżniali się niczym od tutejszych dzieci. W praktyce było jednak inaczej.

– Mają inny sposób myślenia, inne pomysły i inne rozwiązania problematycznych sytuacji – usłyszałam od nauczycielki Ksawerego.

– Nigdy nie wiem, jak zareaguje. Pracuję z polskimi dziećmi od dawna i znam ich sposób działania. Jej reakcji nigdy nie mogę być pewna – powiedziała nauczycielka Krysi.

– Wprowadziły do swoich klas wiele nowości, zbudowały inną atmosferę, pokazały nam inne spojrzenie, takie poza schematem. Nauczyły, jak się uśmiechać i czerpać radość z najbardziej prozaicznych rzeczy.

– Ostatnio miałam zajęcia w klasie Ksawerego. Zastępstwo z języka polskiego. Dzieci tego dnia pisały klasówkę. Ksawery w połowie lekcji podniósł rękę. Podeszłam do niego. Myślałam, że może czegoś nie rozumie. A on oznajmił mi, że już skończył, i zapytał, czy na odwrocie kartki mógłby coś namalować. Zdziwiłam się, ale oczywiście mu pozwoliłam. Narysował statek. Od wielu lat pracuję w polskiej szkole, ale jeszcze nigdy uczeń nie zapytał w czasie klasówki, czy na odwrocie swojej pracy mógłby coś namalować. To jeszcze nie koniec historii. Zaraz po nim inne dzieci zaczęły również podnosić ręce z pytaniem, czy one także mogłyby coś namalować – usłyszałam z ust pani dyrektor.

W pierwszym miesiącu nauki w polskiej szkole Krysia została poproszona o przygotowanie *show and tell** na temat Malty. Było to wspaniałe wyzwanie. Po pierwsze, musiała zdecydować,

* *Show and tell* (ang.) – prezentacja.

o czym chce powiedzieć koleżankom i kolegom. Jakie wspomnienia maltańskie chce im przekazać. Po drugie, musiała stanąć naprzeciwko całej klasy i po polsku zaprezentować swój temat.

– Krysiu, od czego chcesz zacząć?

– Nie wiem.

– Może powiedz wszystkim, co to jest Malta, że to taka wyspa.

– To oni nie wiedzą, że to wyspa?

– Mogą nie wiedzieć, fajnie, jak im powiesz.

– Powiem, że wyspa.

– Możesz też powiedzieć, co to jest wyspa.

– A co to jest wyspa? To taki kraj.

– Kraj, ale otoczony wodą.

– Morzem. Tak. To oni nie wiedzą, że Malta jest otoczona morzem?

– Mogą nie wiedzieć. Może nigdy nie byli na Malcie, może zacznij mówić, a ja ci pomogę, jeśli będziesz potrzebowała.

– Mieszkam na wyspie, wyspa ma dookoła morze. U nas, na Malcie, zawsze świeci słońce, nie pada śnieg. Cały rok jemy lody. Mamy plaże, baseny, ale nie mamy lasów ani gór, ani pociągów, ani tramwajów – zaczęła Krysia.

Siedziałam w fotelu i słuchałam jej prezentacji, jej spojrzenia, jej punktu widzenia, jej przemyśleń. Jej zwrotów „u nas, na Malcie", „mamy na Malcie", „w naszej szkole na Malcie". Było w nich tyle naturalności, ale też pozytywnych emocji i uczuć. Malta jest w Krysi. Z całą pewnością jest w niej. To nie jest część jej życia, to jest jej całe życie.

– I na koniec powiem, że przyjechaliśmy z Malty samochodem z naszym kotem. Mogę pokazać zdjęcie kota? I pokażę nasz prom, co nim zawsze płyniemy na Maltę – zakończyła swoją wypowiedź, wybijając mnie z rozmyślań.

– Oczywiście, że możesz pokazać zdjęcie kota.

Bardzo podobają mi się jej zwroty „nasz prom”, „nasza podróż”, „nasz kraj”, tak wiele rzeczy jest „naszych”, a tak mało „obcych” w jej głowie.

Podobnie jak w głowie Ksawerego.

– Dlaczego w czasie wojny nas napadli? – zapytał pewnego popołudnia, zdejmując buty w przedpokoju.

– A o którą wojnę pytasz?

– O drugą, choć wiem też, jak wyglądała pierwsza. Wiem, jak się broniliśmy i jak nas atakowali, i wiem, jak powstało nasze państwo podziemne i jakie mundury mieliśmy, i znam nasze piosenki wojenne. Tylko tak się zastanawiam, dlaczego akurat na nas napadli.

Temat wojen pojawiał się wiele razy w naszym warszawskim mieszkaniu. Może dlatego, że maltańska szkoła nie wprowadzała tego zagadnienia do programu nauczania. Owszem, dzieci wiedziały o wojnach, ale nie znały szczegółów. Kiedy więc pierwszy raz polskie szkolnictwo wspomniało o tym etapie historii, pojawiło się wiele pytań, na które musiałam znaleźć odpowiedź. Często sama nie wiedziałam, co im powiedzieć, zwłaszcza że trudno mi było przedstawiać detale, o których nigdy wcześniej nie słyszały. A ponieważ mieszkaliśmy w Warszawie, tematy wojenno-powstańcze były wciąż żywe, nie tylko w szkole.

Krysia i Ksawery bardzo utożsamiali się z Polską, polską historią i uczuciami Polaków. Polska to ich kraj. Czują to. Ale podczas naszej polskiej przygody sami poszukiwali też kontaktu z innymi kulturami i językami.

Pamiętam, że gdy na zakończeniu roku udałam się razem z dziećmi po odbiór świadectw szkolnych, usłyszałam na korytarzu:

– *Hola, buenos días. ¿Qué tal? ¿Cómo están?**

Początkowo nie skojarzyłam, że słowa te kierowane są do mnie, i nie zareagowałam. Po kilku sekundach zapytałam siebie: „Do kogo innego mógłby być kierowany ten hiszpański zwrot?". Odwróciłam się. Zobaczyłam wysokiego, przystojnego mężczyznę machającego do mnie ręką.

– Jestem nauczycielem języka hiszpańskiego w tej szkole, a ty zapewne jesteś mamą Ksawerego – powiedział po hiszpańsku.

– Tak, bardzo mi miło – odpowiedziałam, utrzymując język.

– Nigdy nie uczyłem Ksawerego, ale go znam. Podszedł do mnie kiedyś na przerwie i zagadał po hiszpańsku. Od tej pory zawsze, kiedy się widzieliśmy, rozmawialiśmy ze sobą tylko po hiszpańsku. Opowiadał mi o Malcie i o twojej książce. Opowiadał mi też o Hiszpanii, o podróży do Madrytu i Alicante. Ksawery to bardzo ciekawy chłopiec. Będę za nim tęsknił. W tej szkole jest jedną z nielicznych osób, z którą mogę sobie swobodnie porozmawiać po hiszpańsku. Wspaniała sprawa.

Cała ta sytuacja mnie zdziwiła. Przyznam szczerze, że Ksawery miło mnie zaskoczył. Hiszpański od zawsze jest i na zawsze zostanie „naszym językiem". Tym, w którym wyznajemy sobie miłość i którym witamy się każdego dnia. Byłam dumna z syna, że podszedł do obcego nauczyciela i tak odważnie rozpoczął konwersację po hiszpańsku. Może tęskni za tym językiem? A może

* *Hola, buenos días*... (hiszp.) – Witam! Dzień dobry! Jak się macie?

po prostu w jego głowie nie ma większego znaczenia, którego języka użyje w wypowiedzi?

Tak wiele ciekawych tematów pojawia się w naszym wielojęzycznym życiu. Pewne rzeczy wciąż są dla mnie zagadkami. Może kiedyś je rozwiążę, a może pozwolę, by na zawsze pozostały tajemnicą dzieci wielojęzycznych.

Rozdział 21

Kulturalna Warszawa

Pobyt w Polsce to był nasz czas, by się ukulturalnić. Na Malcie spędzaliśmy wiele godzin na plaży, korzystając z tego, co najpiękniejsze – sportów wodnych, wędrówek pieszych, ale też koncertów i przepięknych imprez karnawałowych. Czas spędzony w Warszawie miał być inny. Chciałam, by naszym priorytetem były teatry, opery i przedstawienia baletowe. Aby nauczyć się języka, musisz się w nim zanurzyć. Przesiąknąć nim doszczętnie. Poznać kulturę kraju. A gdzie to zrobić, jeśli nie w Warszawie?

Już pierwszego wieczoru w stolicy zaczęłam przeglądać ofertę warszawskich scen. Chciałam pokazać dzieciom jakąś ciekawą sztukę, aby zainteresować je teatrem. Nie mogło to być nic bardzo poważnego, ale jednocześnie pragnęłam, żeby to była klasyka. Po długich poszukiwaniach zarezerwowałam bilety na *Jezioro łabędzie.*

Ze względu na tematykę nasze wyjście okazało się babskim wypadem (trochę jak w Hiszpanii, gdzie panowie chodzą do innych lokali niż panie). Krysia uwielbia balet, miałam więc nadzieję na pełne zaangażowanie. Długo się zastanawiałam, w jaki sposób wciągnąć ją w temat, by zrozumiała i wyniosła jak najwięcej z tej sztuki.

Z pomocą przyszła mi biblioteka miejska, gdzie przez zupełny przypadek znalazłam książkę dla dzieci *Jezioro łabędzie* z podziałem na akty, opisem bohaterów i pięknymi ilustracjami. Jeśli nie wiesz, jak coś dziecku powiedzieć, pokaż mu książkę. Jest to stara i jakże uniwersalna zasada. Dlaczego ja na to wcześniej nie wpadłam? Dwa dni przed naszym wyjściem wręczyłam Krysi lekturę.

– Chodź, Krysiu, zobaczymy, o czym jest ta sztuka – zaproponowałam.

Krysia przybiegła zaintrygowana. Ksawery patrzył z boku, ale nie był zainteresowany.

– „*Jezioro łabędzie* to historia o księciu, który zakochuje się w Królowej Łabędzi, dziewczynie zaklętej w ptaka, a tylko w mroku nocy odzyskującej dawną postać...” – zaczęłam czytać.

Nie dokończyłam jeszcze drugiego zdania, kiedy oboje już siedzieli na moich kolanach.

– Czytaj dalej, ciekawe, co się stanie – ponaglał Ksawery.

Ponieważ książka zawierała przepiękne ilustracje, wyobraźnia moich pociech miała pole do popisu. Krysia leżała lekko rozmarzona. Ksawery bardziej skoncentrowany.

– Może zmienisz zdanie i pojedziesz z nami jutro zobaczyć sztukę? – zapytałam Ksawerego.

– Nie, tam pewnie będą tylko dziewczyny. Jedźcie same – odpowiedział.

I pojechałyśmy – w ślicznych sukienkach, z torebkami na ramionach. Po drodze przypomniałyśmy sobie szczegóły sztuki, wspominałyśmy najważniejsze sceny. Kiedy wysiadłyśmy pod teatrem Palladium, byłyśmy gotowe.

– To tutaj, zapraszam panią – powiedziałam uroczyście, otwierając drzwi teatru.

– Wow! Ilu tu ludzi! Wow! – Krysia czerpała całą sobą, przyglądała się wszystkiemu, zarówno eleganckiej sali, scenie, jak i dziewczynkom ubranym w kolorowe suknie.

– Chyba same księżniczki przybyły na ten spektakl – szepnęłam, gdy zajęłyśmy swoje miejsca.

– Chyba tak. Ksawery miał rację.

Kiedy światła zgasły, podnosząca się kurtyna przeniosła nas do innego świata. Falujące tiule w rytm wspaniałej muzyki zaczarowały nas całkowicie. Zerkałam na Krysię, siedziała nieruchomo z otwartą buzią. Nie chciałam jej przeszkadzać. Nie próbowałam nawet tłumaczyć, o czym są poszczególne sceny. Myślę, że miała je już poukładane w swojej małej, ośmioletniej główce. Wszystko to, co do dziś tylko żyło w jej wyobraźni, nagle przeniosło się na scenę. Cała historia miłosna, balet pełen uczuć. Taniec i emocje.

Po tym, jak kurtyna opadła, Krysia powiedziała tylko jedno słowo:

– Pięknie.

I siedziała jeszcze moment bez ruchu. Kiedy otrząsnęła się z zadumy, zapytała:

– Jedziemy teraz do domu?

– Do domu? No coś ty! W tych pięknych sukniach? Po takim spektaklu należy pojechać do wspaniałej kawiarni i porozmawiać o wrażeniach.

Usiadłyśmy w klimatycznej kawiarni mieszczącej się w budynku Pałacu Kultury i Nauki. Chciałam, aby Krysia zapamiętała ten budynek i kojarzyła go właśnie z takimi wyjściami jak dzisiejsze. Zasiadłyśmy w wygodnych fotelach, zamówiłyśmy pyszności i delektowałyśmy się tą chwilą.

Na następne przedstawienie baletowe Ksawery wybrał się z nami. Był to *Dziadek do orzechów*. Bilety rezerwowaliśmy miesiąc wcześniej, dlatego większość miejsc była już wyprzedana.

– Następnym razem musimy pamiętać, by rezerwować dużo wcześniej – powiedziałam, kupując bilety.

– I zawsze mieć pierwszy rząd – dodał Ksawery.

Nauczeni naszą pierwszą sztuką baletową tydzień przed spektaklem udaliśmy się do biblioteki. Wypożyczyliśmy prześlicznie ilustrowaną książkę i z wielką przyjemnością zasiedliśmy na sofie, by poznać fabułę kolejnego przedstawienia.

– W maltańskiej szkole pani czytała nam tę historię, ale była trochę inna – stwierdziła Krysia.

– I książka miała inne obrazki – dodał Ksawery.

– Spróbujcie stworzyć swoje własne obrazki w głowach – zasugerowałam.

W dniu przedstawienia przygotowałam dzieciom małą niespodziankę.

– Nie będę z wami dziś oglądała sztuki. Zawiozę was na miejsce i z olbrzymią chęcią odbiorę po przedstawieniu, by zaprosić was do wspaniałej kawiarni. Ale nie będzie mnie z wami podczas spektaklu.

– Dlaczego? Przecież mamy trzy bilety – zastanawiała się Krysia.

– Będziemy sami? – przeraził się Ksawery.

– Spędzicie ten czas z kimś innym, z kimś wyjątkowym. Myślę, że spodoba się wam niespodzianka. Ubierzcie się pięknie i wyszykujcie, zaraz wyjeżdżamy, ponieważ musimy odebrać specjalnego gościa z Dworca Centralnego.

– Ktoś do nas przyjedzie?

Nie odpowiedziałam na to pytanie, pragnęłam, by pozostało to tajemnicą.

– Babcia!!! – zabrzmiały okrzyki pod Pałacem Kultury i Nauki.

– Babciu, jedziesz z nami do teatru? *Na Dziadka do orzechów*! Będzie o myszach i o *nutcracker**. Wiesz, co to *nutcracker*?

Babcia była niezwykle zaskoczona, ponieważ jej również nie mówiłam o biletach do teatru. Wszyscy mieli niespodziankę. Kiedy odebrałam ich po spektaklu i usiedliśmy w kawiarni, buzie dzieci się nie zamykały. Opowiadały jedno przez drugie. Chciały przekazać mi wszystko. Ich serca gromadziły niesamowitą ilość wrażeń.

– Babciu, a pamiętasz to, jak ten król myszy wyskoczył? – zaśmiewała się Krysia.

– Babciu, a to... – wtórował jej Ksawery.

A ja siedziałam i je obserwowałam. Były takie szczęśliwe.

Kolejnym nieocenionym plusem mieszkania w Polsce są takie momenty jak ten. Spotkania z babcią. Wie o tym każdy, kto nie ma ich na co dzień. Są takie rzeczy, które można powiedzieć tylko babci, są lody, które smakują wyjątkowo tylko w towarzystwie babci, i są takie chwile, które warto zapamiętać na zawsze. To właśnie te chwile spędzone z babcią. Doceniasz je bardziej, kiedy mieszkasz daleko. I te chwile celebrowaliśmy podczas naszego pobytu w Warszawie.

Po kulturalnej części baletowej przyszedł czas na Teatr Lalka. Bilety zakupiliśmy wcześniej i udało nam się usiąść w drugim rzędzie. Maluchy były zachwycone. Ja nie mniej. Mimo że znałam doskonale ten teatr (pamiętałam go z dzieciństwa), zrobił na mnie niesamowite wrażenie. Gra aktorów połączona z grą lalek.

---

* *Nutcracker* (ang.) – dziadek do orzechów.

Totalna magia nie tylko dla małych widzów. Śpiew, taniec i co najważniejsze – bajkowa inscenizacja. Dzieci z chęcią zostałyby tam dłużej niż tylko na czas trwania spektaklu.

– Czy dziś również pójdziemy w tych pięknych strojach do kawiarni?

– Dziś zabiorę was w pewne wyjątkowe miejsce – szepnęłam tajemniczo.

– A czy będą tam lody?

– Z całą pewnością. Będzie tam wiele smakołyków.

Jeśli naszym priorytetem miało być ukulturalnianie się, nie mogliśmy pójść nigdzie indziej. Zabrałam moje pociechy do kultowej Kulturalnej mieszczącej się tuż za rogiem Teatru Lalka.

– Jak tu ładnie – powiedziała Krysia, zasiadając przy stoliku i poprawiając sukienkę.

– Tak, wyjątkowo – odpowiedziałam. – O, zobacz, Krysiu, tam panowie wieszają swoje kurtki. Widzisz? A tam kładą kapelusze.

– I parasole – dodała Krysia.

– Elegancko tutaj – przyznał Ksawery.

– Eleganckie miejsce dla wyjątkowych gości. Na co mogłabym was zaprosić? – powiedziałam.

– Czy mogę zobaczyć kartę? – zapytał Ksawery.

– Oczywiście, niech każdy wybierze coś dla siebie.

I tak właśnie wyglądało nasze ukulturalnianie się w polskiej stolicy. Poznaliśmy wiele wspaniałych teatrów. Bardzo duże wrażenie zrobił na dzieciach Teatr Capitol. To tam się nauczyły, że przy kawiarnianym stoliku można usiąść już przed sztuką, a nie tylko po niej. A co ważniejsze, że można zamówić popcorn. Dzieci mają swoje priorytety.

Byliśmy również w teatrze Scena Relax na dziecięcej nocy kabaretowej. Kabaret stał się ulubioną rozrywką dzieci jeszcze na Malcie. Znały go jednak tylko ze szklanego ekranu. Tego wyjątkowego wieczoru śmiały się i doskonale bawiły, oglądając pierwszy raz kabaret na żywo. Niesamowite wrażenia.

Odwiedziliśmy też oczywiście Cyrk Zalewski, bo chyba nie da się zanurzyć w polskiej kulturze, jeśli nie pójdzie się do prawdziwego polskiego cyrku. Wyobrażacie sobie dzieciństwo bez cyrku?

Odwiedzaliśmy wspaniałe kawiarnie, kultowe miejsca Warszawy. Za każdym razem omawialiśmy przeżycia, jakie towarzyszyły nam, kiedy siedzieliśmy na widowni. Po powrocie do domu dzieci powtórnie opowiadały wszystko tacie, a później jeszcze babci i dziadkowi. Myślę, że dzięki temu dużo lepiej zapamiętały te specjalne momenty naszego zanurzenia w polskiej kulturze.

A który wieczór zrobił na nich największe wrażenie? Z całą pewnością wyjście do Teatru Muzycznego Roma. I nie tylko dlatego, że budynek jest wyjątkowy, a scena wygląda cudownie z balkonu umieszczonego na pierwszym piętrze.

Tego dnia przygotowałam o wiele więcej niespodzianek. Na spektakl poszedł z nami Sebastian, który przyleciał na kilka dni do Warszawy. Wieczór zyskał więc miano podwójnie szczególnego. Kiedy rezerwowałam bilety, miałam wiele wątpliwości.

– Taka sztuka może zanudzić dzieci. Jest późnym wieczorem. Będą zmęczone.

– Będzie uroczo, rezerwuj! – Sebastian podjął męską decyzję.

I bardzo się z tego powodu cieszę, ponieważ niepotrzebnie miałam tyle obaw. Tego wieczoru ubraliśmy się jeszcze bardziej odświętnie. Dziewczyny w sukniach, chłopcy w koszulach.

Pojechaliśmy już godzinę wcześniej, bo dzieci chciały sprawdzić, czy jest dostępny popcorn.

– Popcorn? W teatrze? – zdziwił się Sebastian.

– Oczywiście, że tak. W teatrze Capitol był pyszny popcorn – edukowała go Krysia. – W Lalce nie było, ale za to mają obok wspaniałą kawiarnię i pyszne lody.

– Ja widzę, że wy tu się świetnie bawicie w stolicy.

– Nie „bawimy", tylko zanurzamy w kulturze – powiedziałam z uśmiechem.

– Co zamawiamy? – zapytał Sebastian, kiedy weszliśmy do kawiarni w budynku Romy.

– Mają ręcznie robione czekoladowe ciasteczka, ja poproszę takie ciasteczko.

– A dla mnie ciasto waniliowe – powiedział pewnym głosem Ksawery. – Czy w przerwie miedzy aktami będzie też otwarta ta kawiarnia? – zapytał.

– Może wtedy będą mieli popcorn – zastanawiała się głośno Krysia.

– Nie poznaję was. W kilka miesięcy opanowaliście nie tylko smaczki językowe, ale i prawdziwą polską kulturę – przyznał Sebastian, po czym zapytał: – A dla ciebie, kochanie?

– Ja poproszę kieliszek hiszpańskiego czerwonego wina, żebym nie zapomniała tej iberyjskiej kultury. – Zaśmiałam się.

I wtedy odwróciła się w moim kierunku kobieta. Ładnie ubrana i uczesana. Bardzo elegancka. Spojrzała na mnie i skupiła wzrok na łańcuszku wiszącym na mojej szyi.

– Ma pani piękny łańcuszek z krzyżem maltańskim.

– Tak, to jest krzyż maltański – odpowiedziałam.

Łańcuszek dostałam tego wieczoru od Sebastiana i szalenie mi się spodobał.

– Byłam kiedyś na Malcie i przywiozłam z wyspy bardzo podobny łańcuszek ze srebrnym krzyżem. Wyjątkowa pamiątka. Wyspa też niesamowita. Była tam pani osobiście? Pięknie tam jest. Ta lazurowa woda, wieczne słońce, aż chciałoby się tam zamieszkać. Cudowne miejsce, mówię pani.

– Domyślam się – odpowiedziałam i uśmiechnęłam się do Sebastiana.

Parę minut później już dzwonił pierwszy dzwonek.

– O, czas na nas – stwierdzili nasi eksperci teatralni.

Poszliśmy na piętro, zajęliśmy miejsce na balkonie. Kilka minut później kurtyna się podniosła i już w pierwszej minucie wiedziałam, jak bardzo myliłam się co do zainteresowania widowiskiem dzieci. Siedziały oczarowane. Ale nie tylko one. My również. Zbyt często patrzymy na dzieci oczami dorosłych. Nie doceniamy ich punktu widzenia, ich wyobraźni i sposobu postrzegania świata. Ku mojemu dorosłemu zdziwieniu dzieci siedziały jak zamagnetyzowane ponad dwie godziny trwania spektaklu i wiele godzin po jego zakończeniu. *Aida* zrobiła na nich olbrzymie wrażenie. I mimo że nie przeczytaliśmy wcześniej książki, doskonale zrozumiały całe przedstawienie. Krysia przeżywała wszystkie romantyczne uniesienia aktorów.

To był cudowny, kulturalnie bogaty rok spędzony w Polsce. Myślę, że dzieci wyniosły z niego dużo więcej, niż mogę sobie wyobrazić. Z całą pewnością nie pozostała na nich ani jedna sucha nitka po naszym pełnym polskim zanurzeniu.

Rozdział 22

Język polski i jego tajemnice

Kiedy jesteś nomadem, przeprowadzasz się tak samo często, jak często zmieniasz kraj zamieszkania. Podstawą takiego stylu życia jest elastyczność.

Podczas pobytu na Malcie bardzo duży nacisk kładłam na języki polski i hiszpański. Rozwiązywaliśmy rebusy słowne, uczyliśmy się piosenek czy graliśmy w językowe kalambury. Kiedy zamieszkaliśmy w Polsce, wiedziałam, że będę musiała przetasować nasze języki i ustawić je w bardziej lub mniej uporządkowanej hierarchii.

„Polski będzie nas otaczał, nie będziemy więc spędzali dodatkowego czasu na jego nauce" – z taką myślą rozpoczęłam naszą polską przygodę. Bardziej obawiałam się o utrzymanie znajomości pozostałych języków.

Angielski stanowił najmniejszy problem w przypadku dziesięcioletniego Ksawerego, który uwielbiał książki i w tym czasie był na etapie czytania *Harry'ego Pottera*. Powieść tak bardzo go wciągnęła, że potrafił siedzieć nad nią dniami i nocami. Oprócz oddawania się anglojęzycznym opasłym tomom *Harry'ego Pottera* sporo czasu poświęcał przeglądaniu w Internecie nowinek technologicznych i motoryzacyjnych. Zauważyłam, że wszystkie tego typu filmiki ogląda wyłącznie w języku angielskim.

Więcej czasu temu językowi musiała poświęcić Krysia, która w momencie przyjazdu do Warszawy miała niespełna osiem lat. Potrafiła czytać i pisać w tym języku, ale nie potrafiła jeszcze skoncentrować się na tyle, by spędzić z książką więcej niż piętnaście minut. Krysia od zawsze była artystyczną duszą, która wolała taniec, śpiew i rysunek niż czytanie książek. Wiedziałam, że będę musiała z nią przysiąść do nauki.

Język polski miał być dla nas najłatwiejszy i mieliśmy nie przeznaczać na niego dodatkowego czasu. I było tak aż do pierwszego dnia szkoły.

– Krysia musi ćwiczyć polską kaligrafię. W tym wieku ważne jest, aby literki łączyły się ze sobą. Przygotuję dla niej dodatkowe materiały – usłyszałam od wychowawczyni mojej córki.

W tym momencie uświadomiłam sobie, że trzeba będzie zwrócić większą uwagę na język polski mojej artystycznej duszy. Tego samego dnia okazało się jednak, że nie tylko jej.

– Dziś w szkole mieliśmy podmiot, orzeczenie, określenia do podmiotu albo do orzeczenia, już sam nie wiem. Co to właściwie jest? – komentował Ksawery po powrocie z lekcji.

W tym momencie uświadomiłam sobie, że trzeba będzie poświęcić więcej czasu na język polski Ksawerego niż zakładane trochę.

Stanęłam przed wyzwaniem przypomnienia sobie szczegółów ojczystego języka, a dzieci dostrzegły, że polski jest nieco bardziej skomplikowany niż język, który znały do tej pory.

– Dziś pani Ewelinka sprawdzała nasze zeszyty – powiedziała pewnego popołudnia Krysia.

– I pokazałaś pani zeszyt?

– Tak i pani powiedziała, że te dzieci, co piszą już ładnie zawijanymi literkami, to będą mogły pisać długopisem. Jutro pani odda zeszyty i powie, kto już może używać długopisu. Czy możemy mi kupić długopis?

– A to nie mamy długopisu w domu? Weź jakiś z biurka. Zobacz, tam jest ich dużo.

– Nie taki, takim się w szkole nie pisze – uświadomiła mnie ośmiolatka.

– Nie? A jakim się pisze?

– Ścieralnym.

– Ścieralnym? Jak ołówek? – zapytałam zdumiona. – To coś nowego?

– Nie, nie nowego, ale ty do polskiej szkoły chodziłaś sto lat temu, to pewnie takich nie było. Były tylko takie normalne.

Nie wiem, czy to dobrze, czy źle, że za moich czasów były tylko normalne, ale z ust Krysi nie brzmiało to jak komplement.

– Dam ci pieniążki, idź, proszę, do sklepu papierniczego i kup długopis, który nie będzie n o r m a l n y.

I poszła. Nie było jej bardzo długo, zaczęłam się już niepokoić, ale postanowiłam nie panikować. Wróciła po czterdziestu minutach ze smutną miną.

– Nie kupiłaś długopisu?

– Kupiłam, ale nie wiem po co – powiedziała, wyjmując z kieszeni śliczny niebieski długopis zakończony gumką.

– Co ty opowiadasz, Krysiu?

– A co, jeśli pani powie, że nie mogę jeszcze pisać długopisem?

Popatrzyłam na nią. Obawiałam się polskiej szkoły, obawiałam się, że Krysia będzie miała problem z ortografią czy czytaniem.

Ale w życiu bym nie pomyślała, że kaligrafia będzie spędzała jej sen z powiek, a pisanie długopisem stanie się celem ośmioletniej egzystencji.

– Krysiu, najważniejsze, byś nauczyła się dobrze pisać po polsku, byś wiedziała, których literek użyć w danym wyrazie. A jeśli przy okazji nauczysz się pięknie kaligrafować, to będzie cudownie. Nie martw się tym na zapas.

– Ale to jest bardzo ważne!

– Pisanie zawijanymi literkami?

– Nie, pisanie długopisem w szkole, a nie ołówkiem.

Kolejnego dnia Krysia wróciła jeszcze smutniejsza.

– Pani powiedziała, że jeszcze nie mogę pisać długopisem – powiedziała z żalem.

– Położymy więc długopis tu, na biurku, i kiedy przyjdzie odpowiedni moment, weźmiesz go do szkoły – powiedziałam, odkładając długopis na bok. – Krysiu, dzieci z twojej klasy chodziły do polskiej zerówki, później pierwszej klasy, tam cały rok uczyły się pisać zawijane literki. Teraz, w drugiej klasie, już potrafią. Ale ty dopiero przyjechałaś do Warszawy i nigdy wcześniej nie chodziłaś do polskiej szkoły.

Tłumaczyłam Krysi, tak jak potrafiłam, choć wiedziałam, że nie zmienię hierarchii jej wartości. Podobnie było z Ksawerym. Co prawda polska kaligrafia już go nie obowiązywała i nie musiałam pracować nad jego systemem wartości, ale też mnóstwo czasu spędzał nad polską literaturą. I tak język, który nas otaczał i miał być najprostszy, stał się naszym priorytetowym.

Uczyliśmy się wierszy na pamięć, rozkładaliśmy zdania na części pierwsze, ćwiczyliśmy kaligrafię, ortografię, odmienialiśmy wyrazy, czytaliśmy lektury i uczyliśmy się je omawiać, pisaliśmy wiersze, opowiadania, baśnie, zapamiętywaliśmy, dlaczego -uje się nie kreskuje, poznawaliśmy życiorysy autorów polskich i zagranicznych. To był ogrom pracy, ale też niesamowita satysfakcja, kiedy pod koniec roku szkolnego Krysia zaczęła samodzielnie pisać listy do swoich koleżanek, a Ksawery coraz częściej sięgał po polskie książki.

Pamiętam też radość w oczach Krysi, kiedy późną wiosną wychowawczyni powiedziała jej:

– Krysiu, przynieś jutro długopis. Dziś był ostatni dzień, kiedy na języku polskim pisałaś ołówkiem.

Rozdział 23

Podwójna rola do odegrania

Kiedy wyprowadzasz się za granicę, pierwszy brak, jaki odczuwasz, to brak rodziny i przyjaciół. Myślę, że w tej kwestii wiele osób się ze mną zgodzi. Sporo problemów, przed którymi stajesz, mogłoby zostać rozwiązanych w sposób błyskawiczny w naszym kraju lub w naszym mieście, bo przecież kiedy musisz udać się do urzędu, masz tam koleżankę z klasy. Gdy potrzebujesz przewiezienia stołu, dzwonisz do kolegi, który ma firmę transportową, lub do brata, który poda pomocną dłoń przy zniesieniu mebla z czwartego piętra.

Kiedy lądujesz z drugiej strony Europy, wiesz, że jesteś sam. Nie znasz absolutnie nikogo. Nie masz do kogo zadzwonić. Szczególnie odczuwasz nieobecność rodziców, którzy w Polsce mogliby odebrać dziecko ze szkoły w przypadku twojej choroby. Nie masz do kogo wpaść na niedzielny obiad, nie możesz też liczyć na porcję babcinych pierogów. Musisz zorganizować się w zupełnie inny sposób.

Myślę, że szczególnie dzieci odczuwają brak starszego pokolenia. Bardzo często nie wiedzą, jak pachnie babcine ciasto i jakie uczucie towarzyszy ci, kiedy wieczorem grasz z dziadkiem w szachy czy warcaby. Ich dzieciństwo jest inne, nie ma tam babci, która przytuli, ani dziadka, który powie: „Nie martw się, nie powiemy mamie". Gdy od rodziny dzielą nas tysiące kilometrów, uświadamiamy sobie, jak istotną rolę w życiu małego człowieka odgrywają dziadkowie. Jak ważnym jest wypłakanie się w fartuch babci czy pójście na grzyby z dziadkiem. Mały człowiek potrzebuje kilku chwil spędzonych bez rodziców, paru cukierków zjedzonych w babcinej kuchni czy choćby zdania: „A babcia mi pozwoliła!".

Do Polski najczęściej jeździliśmy raz w roku. Był to zawsze szalony czas pełen odwiedzin całej rodziny. I kilka dni mijało nam niczym kilka minut. Relacje wnuczek–babcia w takim momencie ograniczają się jedynie do kontaktu internetowego, a ten nie jest łatwy. Wie to każdy, kto choć raz spróbował. Nie da się stworzyć więzi między małym człowiekiem i osobą, która macha do niego z ekranu komputera. Dziecko potrzebuje bliskości, przytulenia się, otarcia łez. Potrzebuje babcinego dżemu jabłkowego. Potrzebuje wyjścia z dziadkiem na spacer albo ryby.

To wszystko tworzy więź, która ma olbrzymi wpływ na wychowanie dziecka, ale przede wszystkim zostaje w pamięci na całe życie. Bo kto z nas nie ma wspomnień związanych z babcią? Babcią, do której można się przytulić, a nie taką, do której macha się, siedząc przed komputerem lub z telefonem w dłoni. Próbowałam wszystkiego, co w mojej mocy, aby odgrywać dwie role w życiu swoich dzieci. Chciałam być dla nich mamą i babcią, ale nie da się tego połączyć. Można piec pyszne ciasta (z całą pewnością nie tak dobre jak te babcine) i przymykać oko na wiele psot, ale to nie to samo. Nie można być mamą i babcią w jednej osobie.

Kiedy zamieszkaliśmy w Warszawie, bardzo się ucieszyłam, że będziemy mogli nadrobić stracony czas z dziadkami. Sto i trzysta kilometrów (taką odległość mieliśmy do naszych dziadków) było dla nas niczym. Mogliśmy spakować się w sobotę rano i obiad zjeść już u dziadków. Bardzo często zapraszaliśmy ich do siebie. To były cudowne chwile.

Pamiętam pyszne ciepłe pączki jedzone w towarzystwie babci, kiedy na zewnątrz plucha. Nasze czterdzieści metrów kwadratowych potrafiło pomieścić wszystkich. A ilość emocji, radości i miłości z całą pewnością kilkakrotnie przewyższała powierzchnię, na której się wszyscy mieściliśmy. To był pierwszy raz, kiedy babcia mogła zaprowadzić wnuki do szkoły lub przyprowadzić je z niej. Pierwszy raz, kiedy mogłam nie gotować obiadu czy nie sprzątać mieszkania, tylko spakować się i pojechać do babci. Nieoceniony komfort fizyczny i psychiczny.

Bardzo szybko okazało się jednak, że przede mną zupełnie inne, kolejne, trudne wyzwanie. Jakie? Co może być trudniejszego od zastąpienia dzieciom babci?

Jest taka jedna rzecz – zastąpić dzieciom tatę. Musiałam stać się mamą i tatą. Myślę, że temat ten jest znany wielu osobom, które zmieniają kraje lub po emigracji powracają do Polski. Jest to dość głęboko utarty schemat. Kiedy wyprowadzamy się za granicę, najczęściej mama zostaje z dziećmi w kraju A, a tata leci już do kraju B, by wynająć mieszkanie, znaleźć pracę, zalegalizować pobyt, zapisać dzieci do szkoły. Podobnie jest, kiedy wracamy do Polski po latach spędzonych na emigracji. Bardzo często mama wraca z dziećmi, a tata zostaje za granicą, by zamknąć sprawy podatkowe, sprzedać mieszkanie czy ukończyć kontrakt podpisany z pracodawcą. Czasem taka sytuacja trwa miesiąc, czasem pół roku. Nierzadko również taka sytuacja trwa rok czy nawet trzy lata.

Bardzo dużo podróżujemy i przeprowadzamy się między krajami. Poznajemy przy tym takie rodziny jak nasza, tak zwanych wiecznych nomadów. I uwierzcie mi, nieważne, jaki jest kraj pochodzenia rodziny, schemat przeprowadzek zazwyczaj wygląda tak samo.

Kiedy zdecydowałam się na powrót do Polski, nie brałam pod uwagę podwójnej roli, jaką będę musiała odegrać. Ktoś powie: „Przecież to nie był pierwszy raz, kiedy zostałaś sama z dwojgiem dzieci". Tak, to prawda. Ale wbrew pozorom inaczej zostaje się z maleńkimi dziećmi, które są w wieku, kiedy to mama liczy się najbardziej, kiedy mama karmi piersią, kiedy bez mamy nie zasną. Trudniej jednak wygląda sytuacja, kiedy dzieci są starsze, kiedy syn wymaga atencji taty w wieku lat dziesięciu, kiedy chce, by to tata zawiózł go na trening piłki nożnej lub przejechał z nim na rowerze dwadzieścia kilometrów.

Granie podwójnej roli w życiu dziecka wymaga perfekcyjnej organizacji czasu. To wie każdy. W ciągu dnia wiele się dzieje. Rano trzeba wyszykować dzieci, odwieźć je do szkoły, udać się do pracy, zrobić zakupy, posprzątać, umyć samochód, ugotować, wyprać ubrania, naprawić rower. Wieczorem trzeba odebrać dzieci ze szkoły, dopilnować, by odrobiły prace domowe, umyły zęby. Gdzieś w ciągu dnia należy jeszcze znaleźć czas, by zawieźć na mecz, zajęcia taneczne czy szachowe, zacerować skarpetkę, pomóc dziecku w dokończeniu projektu na wczoraj, zrobić opłaty i wiele, wiele innych.

To jednak nie wszystko. Należy też doskonale zorganizować się emocjonalnie. I to jest z całą pewnością jeszcze trudniejsze. Z jednej strony trzeba być mamą, która wysłucha, co też niedobrego zrobił ten chłopiec z czwartej C, przytulić, otrzeć łzy, wyprawić księżniczkowe urodziny i upiec babeczki. Z drugiej strony są momenty, kiedy trzeba być surowym. Trzeba krzyknąć, trzeba powiedzieć synkowi: „Nie płacz. Nic się przecież nie stało. Wstawaj i biegnij dalej", bo bez tych słów on nie pobiegnie.

Pamiętam, kiedy woziłam Ksawerego na zajęcia sportowe, zawsze dzwoniłam do Sebastiana i prosiłam, by powiedział mu to, co zawsze mówi tata w takich momentach. A ten opowiadał mu o pracy zespołowej, o tym, żeby dał z siebie wszystko i że należy walczyć do końca. Zawsze słuchałam tego z podziwem i się uczyłam. Ja sama nie potrafiłabym powiedzieć tak motywujących i zagrzewających do boju zdań. Chyba tylko mężczyźni posiedli ten talent.

Dziś, kiedy patrzę na te miesiące okiem widza, wydaje mi się, że moi polscy sąsiedzi z całą pewnością uważali, że mam rozdwojenie jaźni. Potrafiłam płakać razem z moimi dziećmi, śpiewać z nimi piosenki, tańczyć, oglądać bajki i mówić do nich bardzo czule. Ale w tym samym momencie potrafiłam też krzyknąć tak, że mury drżały, wkroczyć z groźną miną, kiedy się biły (kto ma dzieci, ten doskonale zrozumie), czy nawet oglądać z nimi do późnych godzin wieczornych mecz piłki nożnej i na całe gardło krzyczeć „Goool!!!".

Nie jest to łatwe zadanie. To trochę jak praca na dwa etaty. Być i mamą, i tatą w tym samym czasie. Do tego dochodzi jeszcze jeden ważny aspekt. W tym całym szaleństwie trzeba dopilnować, by dzieci nie straciły emocjonalnej więzi z ojcem. Trzeba im przypominać: „Zadzwoń do taty, też chciałby pewnie o tym usłyszeć" lub „Zrób zdjęcie i wyślij tacie, na pewno się ucieszy, kiedy je zobaczy". Trzeba też pilnować, by nie zamknęły ekranu komputera w czasie rozmowy. By nie czuły się osamotnione w dniu urodzin albo w czasie świąt, kiedy tata jest tylko wirtualny.

Trzeba być nie tylko mamą i tatą, ale także psychologiem, który pomoże dziecku zrozumieć nową życiową sytuację, i trenerem, który zmotywuje do działania, kiedy dopada depresja. Są to bardzo trudne role i wiążą się one z ogromnym wyzwaniem nie tylko psychicznym, ale i fizycznym. Są nieodłącznym elementem marzeń urodzinowych („chciałbym, aby tata tu był"), snów („śniło mi się lotnisko i tata w samolocie, leciał do mnie"), nastoletnich oskarżeń („bo ty nie umiesz tak jak tata") i dziecięcych potrzeb („chciałbym teraz przytulić się do taty").

Kiedy we wrześniu podjęłam decyzję, że zostanę z nimi sama w Polsce, nie miałam pojęcia, z jakimi problemami będę musiała się zmierzyć i jakie role będę musiała odegrać w ich życiu.

Czy gdybym o tym wcześniej wiedziała, byłoby mi łatwiej? Nie. Bo nie da się przygotować na wszystkie ewentualności, przygody, emocje, wyzwania i łzy. Zarówno ja, jak i dzieci uczyliśmy się funkcjonowania w nowej sytuacji. Z całą pewnością popełniliśmy wiele błędów. Ale podobno błędy są idealnym i niezaprzeczalnym dowodem na to, że się starasz.

Rozdział 24

Polskie lato

Polskie lato w odróżnieniu od jesieni, zimy i wiosny nie zrobiło na nas aż tak dużego wrażenia. Dzieci znały tę porę roku doskonale. Od kilku lat dbaliśmy o to, by część wakacji spędzały w Polsce, na wsi z dziadkami. Pokazywaliśmy im piękne polskie tereny: Kaszuby, Podkarpacie, Mazury, Pomorze. Znały doskonale te regiony. Wiedziały, jak będzie wyglądała pogoda i jaka temperatura będzie nas otaczała. Zdawały sobie też sprawę z tego, że podczas pobytu u babci w centralnej części Polski nie można codziennie jechać na plażę (co było chyba największym szokiem dla małych wyspiarzy).

Mimo wszystko czekały na lato z utęsknieniem. Kojarzyło im się z dziadkami i beztroską jazdą konną na corocznych półkoloniach w Stajni Raduszyn.

– Kiedy zacznie się lato?

– W czerwcu.

– To już niedługo – powiedziała Krysia, przewróciwszy rączką dwie kartki w kalendarzu.

– I wtedy będą wakacje?

– Tak, nie będziecie chodzić do szkoły.

– Będzie można jeść wreszcie lody?

– Tak, z całą pewnością.

– I pojedziemy do babci? Jak zawsze?

– Tak, pojedziemy do babci.

– Kiedy?

– Nie wiem kiedy, możemy nawet tego samego dnia, gdy odbierzemy świadectwa.

– No tak, nie musimy rezerwować biletów. – Krysia się zamyśliła.

Właśnie sobie uświadomiłam, że im wakacje zawsze kojarzyły się z lataniem samolotem, organizacją całego naszego grafiku, pakowaniem i ważeniem bagaży, ze zdaniami typu: „Nie zmieści nam się to do torby" albo „Tego nie możemy wziąć, bo nas na lotnisko z tym nie wpuszczą". W tym roku miało być inaczej. I postanowiłam to zaakcentować.

– Możemy pojechać do babci zaraz po odebraniu świadectw i możecie zabrać ze sobą, co tylko chcecie – powiedziałam z dumą w głosie.

– Co tylko chcemy? Nawet tego wielkiego misia? – zapytał Ksawery. Zaczęłam już powoli żałować tego wypowiedzianego z dumą zdania i wylewności w stosunku do warszawskich kosmitów, ale było za późno.

– Ja wezmę moje samochody, moje maskotki…

– Ja wezmę konia…

– Konia? Jakiego konia? – zapytałam Krysię z przerażeniem.

– Tego z kartonu, którego zrobiłam sobie na *karnival**.

– Krysiu, po co nam wielki kartonowy koń u babci?

– Pokażę go babci. Nie mogę konia zostawić na wakacje w Warszawie. To przecież jasne.

---

* *Karnival* (malt.) – karnawał.

– Dobrze, możesz wziąć konia – poddałam się.

– Jej! – zabrzmiał charakterystyczny dla Krysi okrzyk radości.

Maj minął nam błyskawicznie. To jest chyba cecha charakterystyczna tego miesiąca. Mimo że ma trzydzieści jeden dni, z całą pewnością jest krótszy od pozostałych. Kiedy nastał czerwiec, nasz czas zaczął jeszcze bardziej przyspieszać. Skoncentrowaliśmy się na egzaminie na kartę rowerową, który podobnie jak całe szkolnictwo był dla mnie sentymentalnym powrotem do przeszłości.

Uwielbiałam jeździć z Ksawerym do miasteczka rowerowego i wspominać moją naukę jazdy na dwóch kółkach. Niewiele się w tym temacie zmieniło przez ostatnich trzydzieści lat. No, może jeden szczegół. Testy, które przygotowywały Ksawerego do egzaminów teoretycznych, bardziej przypominały moje testy na prawo jazdy niż te na kartę rowerową.

– Mamusiu, zobacz: kto tu ma pierwszeństwo? Bo ja nie wiem – powiedział Ksawery.

– Pokaż ten test, zaraz ci powiem.

– A ty wiesz? Przecież mówiłaś, że nie miałaś takich trudnych testów na kartę rowerową.

– Ale przecież jeżdżę samochodem od ponad dwudziestu lat. Pokaż ten test. No więc... pierwszeństwo będzie miał tramwaj – odpowiedziałam pewnym głosem.

– Jesteś pewna? Mam zaznaczyć?

– Poczekaj, nie zaznaczaj jeszcze, daj mi się zastanowić... Nie, wiesz co... Myślę, że jednak nie... Pierwszeństwo będzie miał ten żółty samochód – powiedziałam z mniejszą pewnością w głosie.

– To tramwaj czy samochód?

– Hmm... Trudny temat, wiesz?

– Mówiłaś, że przecież jeździsz samochodem ponad dwadzieścia lat.

– Mamusiu, jak ty jeździsz? Ty umiesz jeździć? Ale nie wiesz, kto tu ma pierwszeństwo? – zapytała przerażona Krysia.

– O rany, nie wiem już, nie stresujcie mnie. Może jednak ten na motorze ma pierwszeństwo. Tak, po dłuższej chwili namysłu stwierdzam, że ten na motorze – powiedziałam z zerową pewnością w głosie, a następnie dodałam: – Albo wiesz co? Zadzwoń do taty. Tak. Tak będzie najlepiej, zadzwoń do taty.

Uświadomiłam mężowi, że poświęcam wiele czasu, jeżdżąc z Ksawerym do miasteczka rowerowego, więc on może wziąć na siebie część teoretyczną. Jakże łatwą i banalną część teoretyczną, którą wspólnie mogą robić online. Zgodził się. Kamień spadł mi z serca.

Kiedy szaleństwo związane z kartą rowerową już minęło i Ksawery odebrał mały kartonik ze zdjęciem, wyglądający identycznie jak moja karta rowerowa zdobyta trzydzieści lat wcześniej, skupiliśmy się na zakończeniu roku szkolnego.

Musieliśmy oddać książki do bibliotek, podręczniki do szkoły. Ksawery do końca walczył o jak najlepsze wyniki w nauce, ponieważ marzył o tym, by otrzymać świadectwo z czerwonym paskiem.

– Na Malcie nie ma świadectw. A widziałem, że Robert Lewandowski takie miał. To może być jedyny moment, kiedy ja takie mogę mieć. Będę miał świadectwo z czerwonym paskiem – mówił.

– Jeśli Robert Lewandowski takie miał, to ty też możesz takie mieć.

Postawił sobie poprzeczkę dość wysoko, ale nie gasiłam jego ambicji, choć w głębi duszy wiedziałam, że nie będzie to dla niego łatwe. Nigdy wcześniej nie był uczniem polskiej szkoły, nie miał do czynienia z polskim systemem nauczania. Nie wiedział, co to są klasówki i sprawdziany i że dużo więcej czasu będzie musiał poświęcić na polską gramatykę, której przecież nie znał.

Wiedziałam, że będzie to od niego wymagało olbrzymiego nakładu pracy, ponieważ nigdy nie pisał wypracowań ani dyktand po polsku. Wierzyłam jednak w niego i dopingowałam go cały rok, ponieważ wiedziałam, jakie to jest dla niego ważne.

Nie wiem, czy kiedykolwiek w życiu wróci do polskiej szkoły, czy będzie miał możliwość mieszkania w Polsce. Mógł to być pierwszy i ostatni raz, kiedy dostał szansę spełnienia swojego marzenia i dokonania rzeczy, której dokonał jego idol.

Świadectwa to jedyna rzecz, co do której miałam pewność w kwestii zakończenia roku szkolnego. Cała reszta była mi zupełnie obca. Kilka dni przed zakończeniem roku szkolnego napisałam więc maila do wychowawców:

„Dzień dobry,

przepraszam bardzo, czy mogłabym otrzymać informację, jak dzieci powinny się ubrać na zakończenie roku szkolnego? Wiem, że to może dziwnie zabrzmi, ale czy biała bluzeczka i granatowa spódniczka lub ciemne spodnie wciąż obowiązują?".

To pytanie z pewnością zaskoczyło nauczycielki, ale musiałam je zadać. Pamiętam moje zdziwienie, kiedy w Hiszpanii podczas sesji studenckiej udałam się do budynku uniwersytetu w białej bluzce i czarnej spódnicy. Taki strój należało nosić zawsze na polskim uniwersytecie. Oczywiście byłam jedyną osobą w budynku ubraną tego dnia na galowo.

Na Malcie sytuacja wyglądała podobnie. Tam każdego dnia obowiązuje uniform szkolny. Kiedy zaczynaliśmy naszą przygodę z maltańską szkołą, Ksawery nosił białą koszulę, granatowe spodnie zaprasowane w kant, zielony krawat i czarne pantofle. Nie żartuję, tak właśnie wyglądał strój ucznia maltańskiego. Ostatniego dnia szkoły dla odmiany dzieci mogły przyjść ubrane, jak chcą. Przed budynkiem można więc było zobaczyć wszystkie kolory tęczy, bluzki w kwiatki i spódniczki w grochy. Chłopcy przychodzili w krótkich spodenkach i czapkach z daszkiem. Panował kompletnie odmienny klimat niż na polskim rozdaniu świadectw.

Napisałam wiadomość, aby upewnić się, że przygotuję odpowiednie ubranie dla moich warszawskich kosmitów.

„Tak, oczywiście, dzieci tego dnia przychodzą na galowo" – przyszła odpowiedź.

Dwudziesty czwarty czerwca był niesamowitym przeżyciem. Tego dnia zakupiliśmy prezenty dla wielu nauczycieli, z którymi musieliśmy się pożegnać. Łzy stały mi w oczach, kiedy odbieraliśmy gratulacje i nagrody. Kiedy nauczyciele mówili: „Nie wyjeżdżajcie, proszę", kiedy dzieci, koledzy i koleżanki przytulali się do nas, obiecywaliśmy im, że będziemy pisać długie listy, że nie zapomnimy, że zapraszamy wszystkich na Maltę i do innych krajów, które mamy na naszej liście miejsc do zamieszkania.

Najbardziej wzruszył mnie jednak moment, kiedy Ksawery odebrał swoje świadectwo. To, o którym marzył cały rok, to, dla którego po nocach czytał polskie lektury, uczył się o Mieszku Pierwszym i Okrągłym Stole. Świadectwo, które było dla niego czymś więcej niż tylko kartką papieru. Było osiągnięciem celu, jaki sobie założył na ten rok. Jednego z pierwszych celów, jakie postawił sobie w życiu. Z dumą odebrał swoje wymarzone polskie świadectwo. To z czerwonym paskiem.

Rozdział 25

Szczęśliwej drogi już czas

Piątek, 24 czerwca 2022 r.
Późny wieczór

Przywiozłam do dziadków dzieci, a wraz z nimi konie, misie i inne zabawki. Nic więcej się nie zmieściło w samochodzie. Jak my przyjechaliśmy do Warszawy w październiku? Jak ja zmieściłam całe nasze „polskie życie" do tak małego samochodu? Albo dzieci urosły, albo liczba zabawek się zwiększyła, albo kartonowy koń był złym pomysłem.

Jutro rano wracam do stolicy, by zamknąć kolejny rozdział swojego życia. By spakować zawartość całego mieszkania i oddać klucze właścicielowi. Robiłam już to tyle razy, że nawet przestałam liczyć.

Najdziwniejsze jest to, że za każdym razem okazuje się to tak samo trudne. Nieważne, ile masz lat i ile przeprowadzek na koncie. Schemat zawsze jest taki jak za pierwszym razem. Zamykasz ostatnią walizkę, wyglądasz przez okno, żegnasz się z tym widokiem, który rozbudzał cię tyle razy słońcem, deszczem, śniegiem, mgłą i mrozem. Dotykasz ścian, które dawały poczucie bezpieczeństwa, zamykasz drzwi, zastanawiasz się, czy w środku coś nie zostało, otwierasz je ponownie, rzucasz okiem na puste wnętrze… Nic nie zostało oprócz twoich wspomnień: momentu zdmuchiwania urodzinowych świeczek, ubierania świątecznej choinki, wspólnych obiadów przy stole, długich wieczornych rozmów…

Zbierasz te wszystkie wspomnienia, upychasz w kieszeni, ponownie zamykasz drzwi. Oddajesz klucz i wychodzisz. Wychodzisz z bezpiecznego miejsca, w którym wszystko było znane i łatwe. Wychodzisz ze swojej strefy komfortu i idziesz prosto przed siebie. W nieznane.

Wróć. Nie. Tym razem będzie inaczej. Pierwszy raz w życiu wiem, dokąd pójdę. Wrócę do domu.

Sobota, 25 czerwca 2022 r.
Godzina 12:00

Od samego rana pakowałam kartony, prałam zasłony i odbierałam dziesiątki telefonów od znajomych, z którymi nie zdążyłam się jeszcze pożegnać, od kolegów i koleżanek moich dzieci, którzy byli zdziwieni, że Krysia i Ksawery już wyjechali, od pracowników hurtowni i księgowego, którzy chcieli się jeszcze spotkać przed moim wylotem. Czas biegnie inaczej, kiedy jest ograniczony.

Niedziela, 26 czerwca 2022 r.
Godzina 16:00

Siedziałam na kartonie i piłam kawę. To był wspaniały rok, cudowne doświadczenie i wielka przygoda. Tak bardzo się go bałam w październiku. Zadawałam sobie setki pytań: Czy dzieci znajdą nowych przyjaciół w Warszawie? Czy odnajdą się w polskim systemie nauczania? Czy polubią nową szkołę? Czy spodoba im się życie w Polsce? Czy bardzo będą się wyróżniały na tle rówieśników? Czy będę potrafiła być mamą i tatą w jednym? Czy starczy mi sił?

Dziś wspominam moich warszawskich kosmitów, którzy słuchali szeptu liści. Wspominam hiszpańskie flamenco, olimpiadę z języka angielskiego, pierwsze w życiu ferie, nasze upadki na lodzie, sztuki teatralne, wieczorne rozmowy o dojrzewaniu, historii Polski i *Calineczce*. Nasze przyjaźnie, pierwsze miłości, wycieczki szkolne, piątkowe obiady na stołówce i ten kisiel o smaku czerwonym.

Warto było.

Poniedziałek, 27 czerwca 2022 r.
Godzina 23:59

To był mój ostatni dzień w Warszawie. Aż trudno w to uwierzyć. Od rana pakowałam samochód, wypełniając jego przestrzeń co do milimetra, układając w nim walizki zawierające całe nasze „polskie życie". Umyłam okna w mieszkaniu, zebrałam do torebki ostatnie drobiazgi, których liczba zawsze zaskakuje.

Ostatni wieczór musiał być nietypowy. Tym razem umówiłyśmy się z dziewczynami na cavę, a nie kawę. Postanowiłyśmy wypić ją na dwudziestym pierwszym piętrze wieżowca. By spojrzeć na warszawski rok z góry i otworzyć nowy rozdział. Zrobiłam wieczorny makijaż, włożyłam sukienkę. Taki moment należy szczególnie podkreślić.

Na miejscu już czekał na nas wyjątkowy stolik – tuż przy oknie, wśród szczytów drapaczy chmur i tego jednego jedynego Pałacu Kultury i Nauki, od lat symbolizującego polską stolicę.

– W takich okolicznościach trudno mi będzie zamknąć ten rozdział – zaprotestowałam.

– Nie chciałybyśmy, by było ci łatwo – odpowiedziała z uśmiechem Ola, położywszy na stole swoją torebkę.

– Będziesz tęskniła? – zapytała Magda, która już wygodnie siedziała w fotelu.

– Oczywiście, że tak. To był magiczny rok – odpowiedziałam i zatopiłam wzrok w szklanym budynku naprzeciwko.

Zbierał wszystkie promienie zachodzącego słońca. Tak jakby chciał skupić w sobie światło całego dnia, by przedłużyć go jeszcze o chwilę. Znałam to uczucie.

– Za cudowną warszawską przygodę – wzniosła toast głośnym głosem Ilona.

– Za przyjaźń, szalone pomysły i marzenia, które warto spełniać – dodała Magda.

– Za nas. Dziękuję, dziewczyny. Bez was ten rok nie miałby kolorów, nie byłby nawet fajny – powiedziałam i podniosłam kieliszek.

Co ja bym bez nich zrobiła? Bez mojej warszawskiej grupy wsparcia, która pomagała mi ogarnąć logistycznie transport pierwszego nakładu mojej książki, która podarowała mi pierwsze ciepłe ubrania, kiedy zima mnie zaskoczyła niczym drogowców, która pomagała mi się rozdwoić i roztroić, gdy musiałam być w kilku miejscach w tym samym czasie. Która godzinami omawiała moją stylizację na występ w telewizji ogólnopolskiej i która wysłuchała moich żalów przy wielu filiżankach kawy.

Niektórzy mówią, że to podróże są wspaniałe, bo nas uczą i rozwijają, a ja myślę, że to nie one. To ludzie, których spotykamy w czasie tych podróży.

Wtorek, 28 czerwca 2022 r.
Godzina 18:00

Czas na mnie. Pora zamknąć walizkę. Ostatnie spojrzenie przez okno.

Czego nauczyła nas Warszawa? Chyba najbardziej samodzielności. I to dotyczy całej naszej trójki. Nie tylko dzieci do niej dorosły, ale i ja stałam się na nią gotowa (choć mnie, jako typowej Matce Polce, chyba przyszło to najtrudniej). Ostatni dotyk ścian, które dawały poczucie bezpieczeństwa.

Zamknęłam drzwi i znów zastanawiałam się, czy coś w środku nie zostało. Otworzyłam je ponownie, rzuciłam okiem na puste wnętrze. Nic nie zostało oprócz naszych wspomnień: momentu zdmuchiwania urodzinowych świeczek, ubierania świątecznej choinki, wspólnych obiadów przy stole, długich wieczornych rozmów… Zebrałam je wszystkie, upchnęłam w kieszeni. Ponownie zamknęłam drzwi, oddałam klucz i wyszłam.

Wyszłam z bezpiecznego miejsca, gdzie wszystko było znane i łatwe. Wyszłam ze swojej strefy komfortu i ruszyłam prosto przed siebie. I pierwszy raz w życiu wiedziałam, dokąd pójdę. Wrócę do…

Nie zdążyłam dokończyć tej myśli, kiedy zadzwonił telefon. Ważne życiowe telefony dzwonią zawsze w najmniej oczekiwanym momencie.

Spis treści